Das Khalil Gibran Lesebuch

Das Khalil Gibran Lesebuch

herausgegeben von
Volker Fabricius

Patmos

Die Texte dieser Anthologie sind übersetzt von Ursula und S. Yussuf Assaf – die auch die Herausgeber der deutschen Gesamtausgabe sind: Khalil Gibran, Sämtliche Werke in 5 Bänden, Patmos-Verlag, Ostfildern 2011ff. – und von Karin Graf (Der Prophet), Eva Maria Hirsch (Das Reich der Ideen), Florian Langegger (Der Narr), Frank-Roland Pohl (Sand und Schaum).

MIX
Papier aus verantwortungsvollen Quellen
FSC® C006701
FSC
www.fsc.org

Für die Schwabenverlag AG ist Nachhaltigkeit ein wichtiger Maßstab ihres Handelns. Wir achten daher auf den Einsatz umweltschonender Ressourcen und Materialien. Dieses Buch wurde auf FSC®-zertifiziertem Papier gedruckt. FSC (Forest Stewardship Council®) ist eine nicht staatliche, gemeinnützige Organisation, die sich für eine ökologische und sozial verantwortliche Nutzung der Wälder unserer Erde einsetzt.

www.patmos-verlag.de

Umschlaggestaltung: Finken & Bumiller, Stuttgart
Druck: CPI – Ebner & Spiegel, Ulm
Hergestellt in Deutschland

ISBN 978-3-491-8436-0012-5

Inhalt

Eure Kinder
sind nicht eure Kinder

Vision

Die Jugend ging vor mir her, und ich folgte ihren Spuren, bis wir ein entferntes Feld erreichten. Dort hielt sie an und betrachtete die wandernden Wolken, die sich wie eine Herde weißer Schafe vom Abendhimmel abhob, so wie die Bäume, die ihre entlaubten Zweige nach oben reckten, als ob sie den Himmel anflehen wollten, ihnen ihren grünen Blätterschmuck zurückzugeben.

Da fragte ich:

»Wo sind wir, o Jugend?«

Sie antwortete: »Auf dem Feld des Zweifels. Hab Acht!«

»Lass uns zurückkehren«, bat ich, »denn die Einsamkeit des Ortes flößt mir Angst ein, und der Anblick der wandernden Wolken und der nackten Bäume betrübt meine Seele.«

Sie sagte: »Hab Geduld, denn der Zweifel ist der Beginn der Erkenntnis.«

Ich sah mich um und erblickte eine Nymphe, die wie ein Geist auf uns zukam. Ich rief erstaunt:

»Wer ist das?«

Sie entgegnete: »Das ist Melpomene, die Tochter Jupiters, und die Muse der Tragödie.«

Ich fragte: »Und was will die Tragödie von mir, während du, fröhliche Jugend, an meiner Seite bist.«

Sie sagte: »Sie kam, um dir die Erde und ihre Sorgen zu zeigen, denn wer die Trauer nicht sieht, kann auch die Freude nicht kennen.«

Die Nymphe legte ihre Hände auf meine Augen, und als sie sie wieder wegnahm, sah ich mich getrennt von meiner Jugend und entblößt vom Gewand der Materie.

Ich fragte:

»Wo ist die Jugend, Tochter der Götter?«

Sie antwortete mir nicht; stattdessen umhüllte sie mich mit ihren Flügeln und flog mit mir auf den Gipfel eines hohen Berges. Da sah ich die Erde und alles, was sie enthält, wie eine Buchseite vor mir ausgebreitet, und die Geheimnisse ihrer Bewohner standen wie geschriebene Zeilen vor meinen Augen. Ich blieb ehrfurchtsvoll neben der Nymphe stehen, las die Geheimnisse der Menschen und suchte die Rätsel des Lebens zu deuten. Ich sah, und ich hätte gewünscht, nicht gesehen zu haben. Ich sah die Engel der Glückseligkeit mit den Teufeln des Unglücks kämpfen, und der Mensch befand sich zwischen beiden, bald zur Hoffnung, bald zur Verzweiflung neigend. Ich sah die Liebe und den Hass mit dem Herzen des Menschen spielen: Diese verhüllte seine Schuld, machte ihn trunken vom Wein der Hingabe und löste seine Zunge zum Lob und Preis, jene erregte seine Begierden, machte ihn blind für die Wahrheit und verschloss seine Ohren vor gerechter Rede. Ich sah die Stadt wie ein Straßenmädchen sich am Rockzipfel des Menschen anklammern. Dann sah ich in der Ferne die weite Wüste über den Menschen weinen.

Ich sah die Priester schlau und heuchlerisch wie Füchse und die falschen Propheten, welche die Neigungen der Seele durch Schmeicheleien überlisten. Der Mensch rief die Weisheit um ihren Beistand an, doch die Weisheit floh, verärgert darüber, dass er nicht auf sie gehört hatte, als sie ihn auf der Straße in aller Öffentlichkeit gerufen hatte. Ich sah die Mönche ihre Augen vielmals zum Himmel erheben, während ihre Herzen in den Gräbern der Begierde weilten. Ich hörte Jugendliche munter über die Liebe reden, während sie sich ihr in sorgloser Hoffnung näherten, doch ihre Göttlichkeit ist weit entrückt, und ihre Gefühle schlafen. Ich sah die Gesetzgeber Handel treiben mit wortreichem Gerede auf dem Markt des Betrugs und der Heu-

chelei; und die Mediziner sah ich das Vertrauen der Unwissenden ausnutzen. Ich sah den Ignoranten neben dem Weisen sitzen; wie er seine Vergangenheit auf den Thron der Erde hebt, seine Gegenwart sorgfältig bettet und seiner Zukunft ein komfortables Lager bereitet. Ich sah die Armen säen, während die Reichen ernteten und aßen. Die Ungerechtigkeit stand daneben, und die Menschen hielten sie für das Gesetz.
Ich sah den Dieb der Nacht den Tresor der Vernunft stehlen, während die Wächter des Lichts daneben schliefen. Ich sah die Frau als Laute in der Hand eines Mannes, der nicht auf ihr zu spielen versteht, und die Töne, die er ihr entlockt, missfallen ihm. Ich sah Phalangisten die Stadt der Edlen belagern, und ich sah Bataillone im Rückzug, weil sie zu klein sind und nicht zusammenhalten. Ich sah die Freiheit einsam durch die Straßen gehen und an den Türen um Einlass bitten, doch die Menschen verweigerten ihr den Eintritt. Dann sah ich die Selbstsucht in großer Prozession durch die Straßen schreiten, die Menschen folgten ihr und priesen sie als Freiheit.
Ich sah die Religion in Büchern begraben, und die Illusion nahm ihren Platz ein. Ich sah den Menschen die Geduld als Feigheit beschimpfen, die Ausdauer als Unentschlossenheit und die Freundlichkeit als Furcht. Ich sah, wie der Ungeladene während des Banketts Reden hielt, der geladene Gast hingegen schwieg. Ich sah Reichtum in den Händen des Verschwenders als Netz für seine Bosheit und in den Händen des Geizigen als Rechtfertigung seines Menschenhasses. Doch in den Händen des Weisen sah ich kein Geld.
Als ich das alles gesehen hatte, rief ich enttäuscht:
»Ist das wirklich die Erde, Tochter der Götter? Und ist das der Mensch?«

Sie entgegnete ruhig: »Das ist der Weg der Seele, bedeckt mit Dornen und Kletten. Und das ist der Schatten des Menschen. Es ist die Nacht, und der Morgen wird kommen.«

Dann legte sie ihre Hände auf meine Augen; als sie sie wieder wegnahm, sah ich mich und meine Jugend, wie wir langsam auf dem Feld spazierten. Und die Hoffnung ging vor mir her.

Eine Träne und ein Lächeln

Von den Kindern

Und eine Frau, die einen Säugling an der Brust hielt, sagte: Sprich uns von den Kindern.

Und er sagte:

Eure Kinder sind nicht *eure* Kinder.

Sie sind die Söhne und Töchter der Sehnsucht des Lebens nach sich selber.

Sie kommen durch euch, aber nicht *von* euch,

Und obwohl sie mit euch sind, gehören sie euch doch nicht.

Ihr dürft ihnen eure Liebe geben, aber nicht eure Gedanken,

Denn sie haben ihre eigenen Gedanken.

Ihr dürft ihren Körpern ein Haus geben, aber nicht ihren Seelen,

Denn ihre Seelen wohnen im Haus von morgen, das ihr nicht besuchen könnt,

nicht einmal in euren Träumen.

Ihr dürft euch bemühen, wie sie zu sein, aber versucht nicht, sie euch ähnlich zu machen.
Denn das Leben läuft nicht rückwärts, noch verweilt es im Gestern.
Ihr seid die Bogen, von denen eure Kinder als lebende Pfeile ausgeschickt werden.
Der Schütze sieht das Ziel auf dem Pfad der Unendlichkeit, und Er spannt euch mit Seiner Macht, damit Seine Pfeile schnell und weit fliegen.
Lasst euren Bogen von der Hand des Schützen auf Freude gerichtet sein;
Denn so wie Er den Pfeil liebt, der fliegt, so liebt Er auch den Bogen, der fest ist.

Der Prophet

Geschichte eines Freundes

Ich kannte ihn als einen jungen Mann, verloren auf dem Pfad des Lebens, gelenkt von den Taten seiner Jugend, der beim Verfolgen seiner Wünsche sein Leben aufs Spiel setzte. Ich kannte ihn als eine zarte Blüte, die ein leichter Windstoß in die Meerestiefen der Leidenschaft getragen hatte.
Ich kannte ihn in jenem kleinen Dorf als einen boshaften und streitsüchtigen Jungen, der die Vogelnester mit seinen Fingern zerpflückte und die Vogeljungen tötete. Mit seinen Füßen zertrat er die Blumen – ihre Schönheit vernichtend. Ich kannte ihn in der Schule als einen heranwachsenden Jüngling, der weit davon entfernt war, Wissen zu

erwerben, vielmehr zu Hochmut und Arroganz neigte und ein Feind der Ruhe war.

Ich kannte ihn in der Stadt als einen jungen Mann, der mit der Ehre seines Vaters Handel trieb auf dem Marktplatz der Eitelkeiten. Er vergeudete dessen Reichtümer an unehrenhaften Plätzen und verschrieb sich dem Wein.

Trotz allem liebte ich ihn. Ich liebte ihn mit einer Liebe, in die sich Bedauern und Besorgnis mischten. Ich liebte ihn, denn seine verwerflichen Handlungen waren nicht das Ergebnis eines beschränkten Geistes, sondern die Taten einer schwachen und verzweifelten Seele.

Die Seele, ihr Menschen, weicht nur widerwillig vom Weg der Weisheit ab und kehrt bereitwillig darauf zurück. Gewöhnlich bricht in der Jugendzeit ein Orkan aus, der Staub und Sand mit sich führt; er füllt damit die Augen, um sie zu schließen und zu blenden – und oft schließt er sie für eine lange Weile.

Ich liebte diesen Jüngling und blieb ihm treu, denn ich hatte erlebt, wie die Taube seines Gewissens mit dem Geier seiner Missetaten kämpfte; und wenn die Taube besiegt wurde, so war es wegen der Stärke ihres Gegners und nicht ihrer Feigheit wegen. Das Gewissen ist ein gerechter, aber schwacher Richter. Seine Schwachheit steht der Verwirklichung des Rechtmäßigen zuweilen im Wege.

Ich sagte, dass ich ihn liebte, aber die Liebe hat vielerlei Formen: manchmal erscheint sie uns als Weisheit, manchmal als Gerechtigkeit, ein anderes Mal als Hoffnung. Meine Liebe zu ihm war meine Hoffnung, dass das Licht seiner Sonne über die Finsternis seiner Handlungen die Oberhand gewinnen würde. Aber ich wusste nicht, wie und wann sich das Unreine in Reines und die Bosheit in Friedfertigkeit wandeln würden. Der Mensch weiß nicht, auf welche Weise die Seele aus der Knechtschaft der Materie befreit wird – außer nach ihrer Befreiung. Und er weiß auch nicht, wie eine Blume lächelt – außer nach der Ankunft des Morgens.

Die Tage folgten den Nächten auf den Fersen, und ich erinnerte mich an diesen Jüngling mit schmerzlichem Bedauern. Sooft ich seinen Namen aussprach, tat ich es mit einem Seufzer, der aus den Tiefen meiner Seele kam.
Gestern erhielt ich einen Brief von ihm, in dem er schrieb: »Komm zu mir, mein Freund, denn ich möchte dich mit einem jungen Mann bekannt machen. Dein Herz wird sich über diese Begegnung freuen, und diese Bekanntschaft wird deinen Geist erfrischen.«
Ich sagte mir: »Schade! Sucht er dieser betrüblichen Freundschaft eine andere ihrer Art hinzuzufügen? Ist er nicht allein ein ausreichendes Beispiel, die Zeilen des Irrtums aufzuzeigen? Muss er dieses Beispiel nun noch ergänzen durch Zeilen seiner Freunde, damit mir auch ja kein Buchstabe aus dem Buch der Irrtümer entgeht?«
Dann sagte ich mir: »Geh hin! Die Seele kann dank ihrer Weisheit auch aus Disteln Feigen pflücken, und das Herz schöpft dank seiner Liebe Licht aus Finsternis.«
Als der Abend kam, ging ich zu ihm hin. Ich traf meinen Freund allein in seinem Zimmer – vertieft in die Lektüre eines Gedichtbandes. Ich begrüßte ihn. Und während ich mich über das Buch in seinen Händen wunderte, fragte ich ihn:
»Wo ist denn dein neuer Freund?«
»Ich bin es, mein Freund, ich bin es!«, erwiderte er.
Dann setzte er sich mit einer Besonnenheit, die ich an ihm nicht kannte. Er schaute mich an, und in seinen Augen war ein seltsamer Glanz, der mein Herz berührte. Diese Augen, in denen ich bisher nichts anderes als Härte und

Gewaltsamkeit wahrgenommen hatte, strahlten nun ein Licht aus, welches das Herz wärmte. Dann sagte er mit einer Stimme, von der ich glaubte, dass sie von einem anderen stammte:

»Wahrlich, derjenige, den du in seiner Kindheit gekannt hast, dessen Schulkamerad du warst und den du in seiner Jugend begleitet hast, er ist gestorben. Und bei seinem Tod wurde ich geboren. Ich bin dein neuer Freund. Nimm meine Hand!«

Ich nahm seine Hand und fühlte bei der Berührung einen friedlichen Geist mit dem Blut durch die Adern fließen. Seine rohe Hand war sanft und weich geworden. Ihre Finger, die gestern noch den Krallen des Tigers glichen, streichelten sanft mein Herz.

Dann sagte ich (könnte ich mich doch genau an meine seltsamen Worte erinnern):

»Wer bist du? Was ist geschehen, dass du so geworden bist? Hat dich der Geist als Tempel erkoren und dich geheiligt, oder spielst du mir die Rolle eines Dichters vor?«

Er antwortete mir:

»O mein Freund, der Geist ist tatsächlich auf mich herabgekommen und hat mich geheiligt. Eine große Liebe hat mein Herz zu einem Altar gemacht. Es ist eine Frau! Eine Frau – gestern hielt ich sie noch für ein Spielzeug des Mannes – hat mich errettet aus der Finsternis der Hölle und mir die Tore des Paradieses geöffnet. Und ich bin eingetreten. Die wahre Frau hat mich an den Jordan ihrer Liebe geführt und mich darin getauft. Sie, deren Schwestern ich in meiner Dummheit verachtete, hat mich auf den Thron der Ehre erhoben. Sie, deren Begleiterinnen ich in meiner Unwissenheit entehrte, hat mich geläutert durch ihre Liebe. Sie, deren Artgenossinnen ich unterjochte, hat mich befreit durch ihre Liebe ... Sie, die den ersten Mann

aus dem Garten Eden vertrieb durch die Stärke ihres Begehrens und durch seine Schwäche, hat mich ins Paradies zurückgeführt durch ihre Zärtlichkeit und meinen Gehorsam.«
In diesem Augenblick sah ich ihn an und bemerkte Tränen in seinen Augen, ein Lächeln auf seinen Lippen, und der Glanz der Liebe krönte ihn. Ich näherte mich ihm und küsste ihn auf seine Stirn, wie der Priester den Altar küsst. Dann verabschiedete ich mich von ihm und wiederholte mir seine Worte:
»Sie, die den ersten Mann aus dem Garten Eden vertrieb durch die Stärke ihres Begehrens und seine Schwäche, hat mich ins Paradies zurückgeführt durch ihre Zärtlichkeit und meinen Gehorsam.«

Eine Träne und ein Lächeln

Weisheit

Mit einer Weisheit, die keine Tränen kennt, mit einer Philosophie, die nicht zu lachen versteht, und einer Größe, die sich nicht vor Kindern verneigt, will ich nichts zu tun haben.

Das Reich der Ideen

Vom Lehren

Dann sagte ein Lehrer:
Sprich uns vom Lehren.
Und er sagte:
Niemand kann euch etwas eröffnen, das nicht schon im Dämmern eures Wissens schlummert.
Der Lehrer, der zwischen seinen Jüngern im Schatten des Tempels umhergeht, gibt nicht von seiner Weisheit, sondern eher von seinem Glauben und seiner Liebe.
Wenn er wirklich weise ist, fordert er euch nicht auf, ins Haus seiner Weisheit einzutreten, sondern führt euch an die Schwelle eures eigenen Geistes.
Der Astronom kann euch von seinem Verständnis des Weltraums reden, aber er kann euch nicht sein Verständnis geben.
Der Musiker kann euch vom Rhythmus singen, der im Weltraum ist, aber er kann euch weder das Ohr geben, das den Rhythmus festhält, noch die Stimme, die ihn wiedergibt.
Und wer der Wissenschaft der Zahlen kundig ist, kann vom Reich der Gewichte und Maße berichten, aber er kann euch nicht dorthin führen.
Denn die Einsicht eines Menschen verleiht ihre Flügel keinem anderen.
Und wie jeder von euch allein in Gottes Wissen steht, so muss jeder von euch allein in seinem Wissen von Gott und seinem Verständnis der Erde sein.

Der Prophet

Der Lehrer

Wenn jemand beabsichtigt, ein Lehrer für die Menschheit zu werden, so sollte er bei sich selbst beginnen. Er sollte zuerst durch sein Beispiel lehren und dann erst durch sein Wort. Denn wer sich selbst erzieht und sich selbst zum Besseren verändert, verdient unsere Hochachtung und unseren Respekt mehr als jemand, der andere belehrt und zum Besseren bekehren will.

Das Reich der Ideen

Kindheit

Dinge, die man als Kind geliebt hat, bleiben im Besitz des Herzens bis ins hohe Alter. Das Schönste im Leben ist, dass unsere Seelen nicht aufhören an jenen Orten zu verweilen, wo wir einmal glücklich waren.

Das Reich der Ideen

Die Stadt der Vergangenheit

Das Leben stand mit mir am Fuße des Berges der Jugend und zeigte auf das, was hinter uns lag. Ich schaute zurück und erblickte eine merkwürdige Stadt im Herzen der Ebene, in der Phantome aus bunten Dämpfen wirbelten, von einem Schleier feinen Nebels verhüllt.

Ich fragte: »Was ist das, o Leben?«

»Das ist die Stadt der Vergangenheit. Schau sie dir gut an!«

Ich betrachtete sie aufmerksam und sah Folgendes:

Werkstätten, die sich wie Riesen unter den Flügeln des Schlafes ducken ...

Heiligtümer der Worte, umkreist von Seelen, die vor Verzweiflung schreien oder vor Freude singen ...

Tempel der Religionen, erbaut von der Zuversicht und vom Zweifel zerstört ...

Minarette des Denkens, die in den Himmel ragen wie ausgestreckte Hände, die um Almosen bitten ...

Straßen des Begehrens, die Flüssen gleich durch die Täler fließen ...

Schatzkammern der Geheimnisse, gehütet von der Verschwiegenheit und geplündert von der Neugier ...

Türme des Fortschritts, die der Mut erbaute und die Furcht abriss ...

Paläste der Träume, in den Nächten erbaut und vom Erwachen verwüstet ...

Hütten der Bescheidenheit, welche die Schwachheit bewohnt ...

Nischen der Einsamkeit, wo die Selbstverleugnung zu Hause ist ...

Treffpunkte des Wissens, von der Erkenntnis beleuchtet und vom Unwissen verdunkelt ...

Weinschenken der Liebe, in denen sich Verliebte berauschen, während die Nüchternen sie verspotten ...

Bühnen, auf denen das Leben seine Stücke spielt; dann kommt der Tod und beendet die Tragödien ...

Diese Stadt der Vergangenheit erschien mir fern und nah zugleich, ebenso sichtbar wie unsichtbar.

Und das Leben sagte zu mir, während es weiterging:

»Folge mir! Wir verweilten lange.«

Ich fragte: »Wohin, o Leben?«

»Zur Stadt der Zukunft!«

Ich sagte: »Hab Erbarmen mit mir! Der Weg erschöpfte meine Kräfte, und die Steine verwundeten meine Füße.«

»Komm!« entgegnete das Leben, »nur der Unwissende blickt zurück zur Stadt der Vergangenheit.«

Eine Träne und ein Lächeln

Die andere Sprache

Drei Tage nach meiner Geburt, als ich in meiner seidenen Wiege lag und mit staunendem Schrecken in die neue Welt um mich her blickte, fragte meine Mutter die Amme: »Wie geht es meinem Kind?«

Die Amme antwortete: »Es ist wohlauf, Madame. Ich füttere es dreimal, noch nie sah ich so ein frohes junges Ding.«

Das erboste mich, und ich schrie: »Das ist nicht wahr, Mutter, mein Bett ist hart, die Milch, die ich kriege, ist bitter, die Brüste dieser Frau riechen faul, und es geht mir ganz schlecht.«

Aber meine Mutter verstand mich nicht, auch die Amme verstand nicht, denn ich redete die Sprache der Welt, aus der ich gekommen war.

An meinem einundzwanzigsten Lebenstag wurde ich getauft, und der Priester sagte zu meiner Mutter: »Sie können glücklich sein, Madame, dass Ihr Sohn als Christ geboren wurde.«

Das überraschte mich – und ich sagte zu dem Priester: »Dann muss Ihre Mutter im Himmel aber unglücklich sein, denn Sie wurden nicht als Christ geboren.«

Aber auch der Priester verstand meine Sprache nicht.

Nach sieben Monaten kam ein Wahrsager, um mich anzusehen, und er sagte zu meiner Mutter: »Ihr Sohn wird ein Staatsmann und ein großer Führer der Menschheit werden.«

Da schrie ich: »Das ist eine falsche Prophezeiung. Denn ich werde Musiker werden und will nichts als ein Musiker werden.«

Aber nicht einmal in diesem Alter verstand man meine Sprache. Das erstaunte mich sehr.

Nach dreiunddreißig Jahren, in welchen meine Mutter, die Amme und der Priester allesamt verstarben (Gott sei ihren Seelen gnädig!), lebt der Wahrsager immer noch. Gestern traf ich ihn am Eingang zum Tempel, wir sprachen miteinander, und er sagte: »Ich wusste stets, dass Sie ein großer Musiker sein werden. Schon in Ihrer Jugend sagte ich dies voraus.«

Ich glaubte ihm, denn mittlerweile hatte auch ich die Sprache jener anderen Welt vergessen.

Der Narr

Denn das Glück
sucht nicht Zufriedenheit

Das Haus des Glückes

Als mein Herz erschöpft war, nahm es Abschied von mir und machte sich auf zum Haus des Glückes.
Nachdem es dieses Heiligtum erreicht hatte, blieb es verwirrt und ratlos stehen, denn es sah dort nicht, was es sich immer vorgestellt hatte.
Es sah weder Macht noch Wohlstand und keinen Herrscher. Es sah nur einen schönen Jüngling, seine Gefährtin, die Tochter der Liebe, und ihr Kind, die Weisheit. Da wandte sich mein Herz an die Tochter der Liebe und fragte:
»Wo ist die Zufriedenheit, Tochter der Liebe? Ich habe gehört, dass sie dieses Haus mit euch bewohnt.«
Sie antwortete: »Die Zufriedenheit ist fortgegangen, um in den Städten zu predigen, wo Korruption und Begierde herrschen. Und wir brauchen sie hier nicht, denn das Glück sucht nicht Zufriedenheit. Das Glück verlangt nach Vereinigung, während die Zufriedenheit die Ablenkung sucht, die vom Vergessen lebt. Die unsterbliche Seele ist nie zufrieden. Sie strebt nach Vollkommenheit, und die Vollkommenheit gibt es in der Unendlichkeit.« Dann sagte mein Herz zum Sohn der Schönheit:
»Zeig mir das Geheimnis der Frau, o Schönheit, und erhelle meinen Verstand mit deiner Erkenntnis!«
Er erwiderte: »Die Frau ist wie du, menschliches Herz, und wie du warst, so war sie. Sie ist auch wie ich, und wo ich bin, da ist sie. Sie gleicht der Religion, bevor sie von Unwissenden entstellt wurde. Sie ist wie der Vollmond, wenn die Wolken ihn nicht verhüllen, und wie die Brise, bevor der Hauch der Verdorbenheit sie berührte.«
Dann wandte sich mein Herz an die Weisheit, die Tochter der Liebe und der Schönheit, und bat:

»Gib mir Weisheit, damit ich sie den Menschen bringe!« Sie antwortete: »Sag ihnen, dass das Glück im Allerheiligsten der Seele beginnt und nicht von außen kommt!«

Eine Träne und ein Lächeln

Gestern und heute

Ein reicher Mann ging im Garten seines Palastes spazieren; die Sorge folgte ihm auf den Fersen, und über seinem Kopf flatterte die Unruhe wie Geier über einem Kadaver; so erreichte er einen von Marmorstatuen umgebenen See, der von Menschenhand angelegt worden war. Er setzte sich ans Ufer und betrachtete bald den Wasserstrahl, der aus den Mündern der Statuen hervorsprudelte wie die Gedanken aus der Vorstellung eines Liebhabers – bald blickte er auf sein herrliches Schloss, das auf einem Hügel lag wie ein Muttermal auf der Wange eines Mädchens.

Während er dort saß, leistete ihm die Erinnerung Gesellschaft, und sie breitete vor seinen Augen die Seiten aus, welche die Vergangenheit in den Roman seines Lebens geschrieben hatte.

Seine Tränen verschleierten mehr und mehr den Blick auf das, was der Mensch hier geschaffen hatte, und der Kummer rief in seinem Herzen die Tage zurück, welche die Götter gewebt hatten. Und sein Schmerz floss in seine Worte, als er sagte:

»Gestern hütete ich meine Schafe auf den grünen Hügeln; ich freute mich meines Lebens und brachte mein Glück auf meiner Flöte zum Ausdruck. Heute bin ich ein Gefangener meiner Begierden. Das Geld führte mich zum Wohlstand, der Wohlstand zur Sorge, die Sorge zur Verzweiflung. Gestern war ich wie ein singender Vogel und wie ein schwebender Schmetterling. Keine Brise berührte die Köpfe der Gräser sanfter als meine Schritte das Feld. Nun bin ich ein Gefangener der Gepflogenheiten der Gesellschaft. Ich kleide mich und verhalte mich, um den Menschen und ihren Moden zu gefallen. Und ich wünschte geboren zu sein, um mich meines Lebens zu erfreuen. Doch der Reichtum zwingt mich, auf den Pfaden der Sorge zu gehen. Ich bin wie ein Kamel, das schwer beladen ist mit Gold und unter dieser Last zugrunde geht.

Wo sind die weiten Ebenen und die rauschenden Bäche? Wo sind die reine Luft und die Pracht der Natur? Wo ist meine Göttlichkeit? All dies habe ich verloren, und stattdessen bleibt mir nichts als das Gold, dem ich nachlaufe und das sich über mich lustig macht, viele Sklaven und wenig Freude und ein Palast, den ich erbaute, während er mein Glück zerstörte.

Gestern begleitete ich die Tochter der Beduinen, und die Unschuld war die Dritte im Bunde. Die Liebe war unsere Vertraute und der Mond unser Wächter. Heute umgeben mich Frauen mit hoch aufgerichteten Hälsen, die mit den Augen zwinkern und ihre Schönheit für Halsketten, Ringe und Gürtel verkaufen.

Gestern war ich umgeben von jungen Gespielinnen; wie Gazellen hüpften wir zwischen den Bäumen. Wir erfreuten uns an der Natur und besangen sie. Heute bin ich ein Lamm inmitten von Wölfen.

Auf der Straße richten sich hasserfüllte Blicke auf mich, und neidische Finger zeigen auf mich. Nichts als finstere Gesichter sehe ich und hocherhobene Köpfe.

Gestern war mir das Leben geschenkt und die Schönheit der Natur; heute bin ich dieser Güter beraubt. Gestern war ich reich in meinem Glück, heute bin ich arm trotz meines Reichtums. Gestern war ich bei meinen Schafen ein gütiger Herrscher inmitten seiner Untertanen; heute bin ich dem Geld gegenüber wie ein furchtsamer Sklave vor seinem willkürlichen Herrn.

Ich ahnte nicht, dass das Gold das Auge meiner Seele blenden würde, so dass sie zu einer Grotte der Unwissenheit wird. Und ich wusste nicht, dass das Leben, das die Menschen rühmen, in Wirklichkeit eine Hölle ist.« Der Reiche erhob sich von seinem Platz und schritt langsam auf seinen Palast zu, während er seufzend fortfuhr:

»Ist das Geld der Gott, dessen Priester ich wurde? Ist es das Geld, was wir ein Leben lang suchen, und dann nicht eintauschen können gegen ein Körnchen Leben? Wer kann mir für einen Zentner Gold einen schönen Gedanken verkaufen? Wer kann mir für eine Handvoll Schätze aus meinem Tresor einen Augenblick der Liebe geben? Wer vermag mir für all meinen Reichtum ein Auge zu leihen, das die Schönheit sieht?«

Als er sich dem Tor seines Palastes näherte, drehte er sich um und schaute auf die Stadt, wie Jeremias auf Jerusalem geblickt hatte. Er zeigte auf sie mit seiner Hand, und als ob er eine Totenklage anstimmen wollte, rief er mit lauter Stimme:

»O Volk, das im Dunkeln geht und im Schatten des Todes weilt, o Volk, das dem Unglück nachjagt, die Zeit mit Nichtstun verbringt und in Unwissenheit redet, bis wann wirst du Dornen und Disteln essen und die Früchte und Kräuter wegwerfen? Bis wann willst du auf unwegsamen Plätzen wohnen und den Gärten des Lebens den Rücken kehren? Warum trägst du zerschlissene und abgetragene

Kleider, wo doch damaszenische Seidengewänder für dich bereitliegen?
O Volk, die Lampe der Weisheit ist verloschen. Fülle sie mit Öl auf! Der Wegelagerer droht den Weinberg des Glücks zu zerstören. Bewache ihn gut! Der Räuber hat es auf die Schätze deiner Ruhe abgesehen. Hab Acht auf sie!«
In diesem Augenblick sah er einen armen Mann vor sich, der um ein Almosen bettelte. Der Reiche sah ihn an, seine zitternden Lippen wurden entschlossen, seine traurige Gestalt straffte sich, und seine Augen begannen zu strahlen. Das Gestern, das er am See beklagt hatte, kam heute zu ihm und grüßte ihn. Er näherte sich dem Bettler und umarmte ihn mit brüderlichem Kuss. Dann füllte er seine Hände mit Gold und sagte:
»Nimm dies für heute, mein Bruder! Und morgen komm mit deinen Freunden zurück, und holt euch, was euch zusteht!«
Der Arme lächelte wie eine verwelkte Blume bei der Rückkehr des Regens. Dann ging er eilig weg. Der Reiche betrat seinen Palast, indem er sagte:
»Alle Dinge des Lebens sind gut – selbst das Geld –, denn sie erteilen dem Menschen eine Lehre. Das Geld ist wie ein Musikinstrument; derjenige, der es nicht zu spielen versteht, hört nichts als Missklänge. Und wie bei der Liebe, so verhält es sich auch mit dem Reichtum: er tötet denjenigen, der ihn für sich behält, doch demjenigen, der ihn weitergibt, schenkt er Leben.«

Eine Träne und ein Lächeln

Von der Freundschaft

Und ein junger Mann sagte: Sprich uns von der Freundschaft.

Und er antwortete und sagte:

Euer Freund ist die Antwort auf eure Nöte. Er ist das Feld, das ihr mit Liebe besät und mit Dankbarkeit erntet.

Und er ist euer Tisch und euer Herd.

Denn ihr kommt zu ihm mit eurem Hunger, und ihr sucht euren Frieden bei ihm.

Wenn euer Freund frei heraus spricht, fürchtet ihr weder das »Nein« in euren Gedanken noch haltet ihr mit dem »Ja« zurück.

Und wenn er schweigt, hört euer Herz nicht auf, dem seinen zu lauschen;

Denn in der Freundschaft werden alle Gedanken, alle Wünsche, alle Erwartungen ohne Worte geboren und geteilt, mit Freude, die keinen Beifall braucht. Wenn ihr von eurem Freund weggeht, trauert ihr nicht, denn was ihr am meisten an ihm liebt, ist vielleicht in seiner Abwesenheit klarer, wie der Berg dem Bergsteiger von der Ebene aus klarer erscheint.

Und die Freundschaft soll keinen anderen Zweck haben, als den Geist zu vertiefen.

Denn Liebe, die etwas anderes sucht als die Offenbarung ihres eigenen Mysteriums, ist nicht Liebe, sondern ein ausgeworfenes Netz: Und nur das Nutzlose wird gefangen.

Und lasst euer Bestes für euren Freund sein.

Wenn er die Ebbe eurer Gezeiten kennen muss, lasst ihn auch das Hochwasser kennen.

Denn was ist ein Freund, wenn ihr ihn nur aufsucht, um die Stunden totzuschlagen?

Sucht ihn auf, um die Stunden mit ihm zu erleben.

Denn er ist da, eure Bedürfnisse zu befriedigen, nicht aber eure Leere auszufüllen.
Und in der Süße der Freundschaft lasst Lachen sein und geteilte Freude.
Denn im Tau kleiner Dinge findet das Herz seinen Morgen und wird erfrischt.

Der Prophet

Ein Grashalm sagte

Ein Grashalm sagte zu einem Blatt im Herbst: »Du machst solchen Lärm, wenn du fällst! Du störst meine Winterträume.«
Das Blatt antwortete ungehalten: »Du bist von niedriger Herkunft und hast dich nie über deine Niedrigkeit erhoben, griesgrämiges, stummes Ding. Du lebst nicht in den höheren Sphären und hast von Musik keine Ahnung.«
Dann legte sich das Blatt auf die Erde und schlief ein. Als der Frühling kam, erwachte es wieder – und war ein Grashalm.
Als es Herbst wurde, die Zeit für den Winterschlaf nahte und in den Lüften die Blätter fielen, murmelte es: »O diese Blätter im Herbst! Sie machen so einen Lärm! Sie stören meine Winterträume.«

Der Narr

Der Sturm

1

Yussuf al-Fachry war dreißig Jahre alt, als er die Welt verließ und alles, was sie enthält, um einsam, schweigsam und zurückgezogen in einer entlegenen Einsiedelei zu leben, die am Berghang des Heiligen Tales im Norden des Libanon liegt.

Die Dorfbewohner waren über seinen Schritt geteilter Meinung. Die einen sagten: »Er ist der Sohn einer angesehenen und wohlhabenden Familie; sicher liebte er eine Frau, die ihn verlassen hat; und deshalb verließ er seine Umgebung auf der Suche nach Einsamkeit, um darin Trost zu finden.« Andere sagten: »Er ist ein Dichter und Träumer, der dem Lärm der Menschen entflieht, um seine Gedanken aufzuzeichnen und seine Gefühle in Verse zu ergießen.« Wieder andere sagten: »Er ist ein Mystiker, der die Welt verlässt, um nach seiner Religion des Herzens zu leben.« Und schließlich gab es einige, die behaupteten: »Er ist ein Narr!«

Was mich betrifft, so teilte ich weder die Meinung der einen noch die der anderen, denn ich bin mir bewusst, dass es im Innern der Seele Geheimnisse gibt, die sich weder vermuten noch erraten lassen. Insgeheim wünschte ich mir aber, diesem Mann zu begegnen und mich mit ihm zu unterhalten. Zweimal versuchte ich vergeblich, mich ihm zu nähern, um die Wahrheit über ihn zu erfahren und seine Motive kennenzulernen. Aber ich erhielt von ihm nur einen strengen Blick und einige Worte, die Abneigung, Distanz und Stolz zum Ausdruck brachten.

Das erste Mal sah ich ihn in der Nähe des Zedernhains spazieren gehen. Ich grüßte ihn mit den freundlichsten Worten; er reagierte nur mit einem Kopfnicken und entfernte sich eilig. Das zweite Mal sah ich ihn in einer Weinlaube in der Nähe seiner Einsiedelei. Ich suchte ein Gespräch zu beginnen mit den Worten: »Ich hörte, dass diese Einsiedelei von einem syrischen Mönch im 14. Jahrhundert gegründet wurde. Wissen Sie vielleicht mehr darüber?«

Er entgegnete abweisend: »Ich weiß nicht, wer sie gründete und will es auch nicht wissen!« Dann fügte er spöttisch hinzu: »Warum fragen Sie nicht Ihre Großmutter? Sie ist alt und kennt die Geschichte dieses Tales besser als ich.« Nach diesen Worten kehrte er mir den Rücken zu. Ich verließ ihn, indem ich meine Aufdringlichkeit bedauerte.

Zwei Jahre vergingen, in denen mir das geheimnisvolle Leben dieses Mannes bisweilen in den Sinn kam oder seine Gestalt mir im Traum erschien.

2

An einem Herbsttag, als ich wieder einmal unweit der Einsiedelei des Yussuf al-Fachry über Hügel und durch Täler streifte, wurde ich von einem heftigen Gewitter überrascht.

Sturm und Regen setzten mir ordentlich zu, und ich glich einem Segelboot auf stürmischer See, das von den Wellen zerstört und dessen Segel vom Wind zerrissen werden.

Ich flüchtete zur Einsiedelei, indem ich mir sagte: Das ist eine günstige Gelegenheit, den Einsiedler zu besuchen, denn der Sturm ist mein Vorwand, und meine durchnässten Kleider sind ein ausreichender Grund.

Ich erreichte die Einsiedelei in einem bedauernswerten Zustand. Kaum hatte ich an die Tür geklopft, da stand der Mann vor mir, den ich seit langem zu treffen wünschte. In seiner Hand hielt er einen Vogel mit aufgeplusterten Federn und verletztem Kopf, der schwer atmete, als würde er sein Leben aushauchen. Ich grüßte ihn und sagte: »Entschuldigen Sie, dass ich in diesem Zustand zu Ihnen komme, aber das Unwetter hat mich überrascht, und ich bin weit entfernt von zu Hause.«

Er sah mich missbilligend an und entgegnete mit verächtlichem Tonfall: »Es gibt viele Grotten in dieser Gegend, in denen Ihr hättet Zuflucht suchen können!«

Während er dies sagte, streichelte er den Kopf des Vogels mit einer solchen Zärtlichkeit, wie ich sie nie in meinem Leben wahrgenommen hatte. Ich wunderte mich über den auffallenden Kontrast seines Verhaltens – der Zärtlichkeit gegenüber dem Vogel und der Strenge mir gegenüber – und war verwirrt. Als hätte er erraten, was in mir vorging, schaute er mich an und sprach: »Der Sturm nährt sich nicht von saurem Fleisch. Warum fürchtet Ihr Euch und flieht vor ihm?«

»Mag der Sturm sich das saure Fleisch versagen«, entgegnete ich ihm, »dem frischen aber ist er sicher zugetan, und in mir hätte er einen leckeren Bissen gefunden.«

Seine Züge entspannten sich etwas, und er sagte: »Wenn der Sturm Euch einem Bissen gleich vertilgt hätte, dann hättet Ihr Euch eine Ehre erworben, die Ihr jetzt nicht verdient habt.«

»Ja«, erwiderte ich, »ich bin dem Sturm entflohen und zu Euch geeilt, um dieser Ehre nicht teilhaftig zu werden, die ich nicht verdiene.«

Er wandte sein Gesicht von mir ab, um den Anflug eines Lächelns zu verbergen, dann lud er mich ein, mich auf eine Holzbank zu setzen, die neben einer offenen Feuerstelle stand, in der ein Feuer brannte, und er sagte: »Setzt Euch hierhin und trocknet Eure Kleider!«

Ich ließ mich neben dem Feuer nieder und dankte ihm. Er nahm mir gegenüber auf einer Steinbank Platz, tauchte

seine Fingerspitzen in eine ölige Flüssigkeit, die sich in einer irdenen Schale befand, und bestrich damit sanft den Flügel des Vogels und seinen verletzten Kopf. Dann wandte er sich mir zu und erklärte: »Der Wind hat diese Amsel gegen einen Felsen geschleudert, und als ich sie fand, schwebte sie zwischen Leben und Tod.«
»Und mich trieb der Wind an Eure Tür«, entgegnete ich, »und bis jetzt weiß ich nicht, ob er meine Flügel gebrochen oder meinen Kopf verletzt hat.«
Er sah mich an und sprach: »Es wäre gut, wenn die Menschen ein wenig von der Natur der Vögel hätten! Es wäre auch wünschenswert, wenn die Stürme die Flügel der Menschen stutzten und ihre Köpfe verletzten! Doch der Mensch ist ängstlich und feige. Sobald er merkt, dass sich ein Sturm erhebt, verbirgt er sich in den Spalten der Erde und in ihren Grotten.«
Bemüht, das Gespräch nicht abbrechen zu lassen, antwortete ich: »Ja, dem Vogel kommt eine Ehre zu, die der Mensch nicht besitzt. Der Mensch lebt im Schatten von Gesetzen und Traditionen, die er sich selbst geschaffen hat, während die Vögel nach dem absoluten und universellen Gesetz leben, nach dem die Erde sich um die Sonne dreht.«
Sein Blick erhellte sich, als hätte er in mir einen Schüler gefunden, der schnell begreift, und er sagte: »Sehr gut, sehr gut, wenn Ihr also wirklich glaubt, was Ihr sagt, dann verlasst die Menschen mit ihren verdorbenen Traditionen und ihren kleinbürgerlichen Gesetzen und lebt wie die Vögel an einem unbewohnten Ort, wo nur die Gesetze der Erde und des Himmels herrschen.«
»Ich glaube an das, was ich sage!«, erwiderte ich.
Er erhob seine Hand und entgegnete mit einer Spur von Hartnäckigkeit in seiner Stimme: »Der Glaube ist eine Sache, und nach ihm zu handeln eine andere. Zahlreich

sind diejenigen, die wie das Meer reden, doch ihr Leben gleicht einem Sumpf. Zahlreich sind diejenigen, die ihre Köpfe über die Bergesgipfel erheben, doch ihre Seelen schlummern in dunklen Höhlen.«

Ohne mir eine Gelegenheit zu lassen, ihm darauf zu antworten, wandte er sich ab und bettete die Amsel auf ein altes Gewand in der Nähe des Fensters; dann legte er Holz ins Feuer und forderte mich auf: »Zieht Eure Schuhe aus und trocknet Eure Füße; die Feuchtigkeit schadet der Gesundheit des Menschen mehr als alles andere! Habt keine falsche Scham!«

Ich näherte mich dem Feuer, und der Dampf zog aus meinen feuchten Sachen. Er verweilte eine Zeit lang an der Schwelle der Einsiedelei und schaute in den entfesselten Kosmos. Nach einigem Zögern fragte ich ihn: »Lebt Ihr schon lange in dieser Einsiedelei?«

Ohne mich anzusehen, antwortete er: »Ich kam in diese Einsiedelei, als die Erde verwüstet und leer war, Finsternis bedeckte sie, und der Geist Gottes schwebte über den Wassern.«

Schweigend dachte ich bei mir: Wie merkwürdig ist dieser Mensch, und wie schwierig ist es, seine Wahrheit zu entdecken! Aber ich muss die Geheimnisse seiner Seele erfahren. Ich werde warten, bis sein Stolz und Hochmut sich in Sanftmut und Milde wandeln.

3

Die Nacht hüllte die weiten Ebenen in ein schwarzes Gewand; der Sturm hatte sich verstärkt, und der Regen goss in Strömen. Es kam mir vor, als wäre eine neue Sintflut ausgebrochen, um alles Leben zu vernichten und die Erde vom Schmutz der Menschen zu befreien. Beim Aufruhr der Elemente schien in Yussuf al-Fachrys Geist – als eine

Art Gegenreaktion – Ruhe und Gelassenheit einzukehren, und seine anfängliche Abneigung gegen mich wandelte sich in Sympathie. Er erhob sich, zündete zwei Kerzen an, stellte einen Krug Wein vor mich hin sowie ein Tablett mit Brot, Käse, Oliven, Honig und getrockneten Früchten. Dann setzte er sich mir gegenüber und sagte freundlich: »Das ist alles, was ich an Proviant besitze; ich bitte dich, Bruder, ihn mit mir zu teilen!«

Wir aßen schweigend unser Abendessen und lauschten dem Heulen des Windes und dem Strömen des Regens. Unterdessen beobachtete ich sein Gesicht und suchte darin die Gründe für seine merkwürdige Lebensführung zu finden. Nach dem Essen holte er hinter der Feuerstelle eine kupferne Cafetière hervor, aus der er zwei Tassen duftenden Kaffees einschenkte. Dann öffnete er eine Zigarettendose und sagte: »Bediene dich, Bruder!«

Verwundert nippte ich an dem Kaffee und zündete mir eine Zigarette an. Er sah mich an, als ob er meine Gedanken erriete, lächelte und sagte, nachdem er sich auch eine Zigarette angezündet hatte: »Du bist sicher erstaunt, dass es in dieser Einsiedelei Wein, Tabak und Kaffee gibt, und gewiss findest du es seltsam, dass es hier ein Bett und ein reichliches Mahl gibt. Ich tadele dich nicht, wenn du mir deswegen Vorwürfe machst. Wie viele andere glaubst du nämlich, dass die Tatsache, weit entfernt von den Menschen zu leben, bedeutet, dass man auf das Leben und die Freuden des Lebens verzichten müsse.«

»Ja«, sagte ich, »wir sind gewohnt anzunehmen, dass derjenige, der sich der Welt entzieht, um Gott allein anzubeten, auch alles hinter sich lässt, was die Welt an Freuden und Vergnügungen bietet, um ein asketisches Leben zu führen und sich von Wasser und grünen Pflanzen zu nähren.«

»Ich hätte Gott inmitten seiner Schöpfung anbeten können«, entgegnete er, »denn die Anbetung Gottes verlangt keine Einsamkeit und Zurückgezogenheit. Ich verließ nicht die Welt, um Gott zu suchen, denn ich hatte ihn bereits gefunden im Hause meines Vaters und an jedem anderen Ort. Ich zog mich von den Menschen zurück, weil mein Charakter nicht mit ihren Charakteren übereinstimmt und weil meine Träume nichts gemein haben mit ihren Träumen. Ich verließ die Menschen, denn ich empfand mich wie ein Rad, das sich rechtsherum dreht, während sich alle anderen Räder linksherum drehen. Ich verließ die Stadt, denn sie kam mir vor wie ein kranker Baum: seine Wurzeln befinden sich im Dunkeln der Erde, und seine Zweige reichen bis zu den Wolken, aber seine Blüten sind nichts als Begierden, Laster und Verbrechen, und seine Früchte sind Unglück, Elend und Sorge. Einige Reformer versuchten, ihn zu veredeln, aber sie hatten keinen Erfolg damit, und sie starben besiegt, verzweifelt oder im Exil.«
Er näherte sich der Feuerstelle, und als hätte er Freude gefunden an der Wirkung seiner Worte auf mich, fuhr er mit etwas lauterer Stimme fort: »Nein, ich suchte nicht die Einsamkeit zu Gunsten des Gebetes und der Askese; das Gebet ist der Gesang des Herzens, und es erreicht Gottes Ohr, auch wenn es sich inmitten von Geschrei erhebt; und die Askese ist die Unterwerfung des Körpers unter den Willen sowie die Abtötung seiner Wünsche und Begehrlichkeiten. Und das sind Dinge, die in meiner Religion keinen Platz haben. Denn Gott schuf den Körper als Tempel der Seele, und wir haben die Aufgabe, diesen Tempel zu erhalten, damit er stark und rein bleibt und würdig der Gottheit, die in ihm wohnt. Nein, mein Bruder, ich suchte nicht die Einsamkeit um der Askese und des Gebetes willen, sondern um den Menschen zu entfliehen, um ihren

Gesetzen und Traditionen, ihren Lehren und Ideen, ihrem Lärm und ihrer Unruhe den Rücken zu kehren. Ich suchte die Einsamkeit, um nicht die Gesichter der Männer sehen zu müssen, die ihre Seelen verkaufen und von dem Erlös Dinge erstehen, die weit unter dem Wert ihrer Seelen liegen: Macht und Ehre. Ich suchte die Einsamkeit, um nicht den Frauen zu begegnen, die ihre Hälse strecken, mit den Augen zwinkern und mit tausend Lächeln auf ihren Lippen ein einziges Ziel verfolgen. Ich suchte die Einsamkeit, um nicht Halbwissern Gesellschaft leisten zu müssen, die im Schlaf eine Form des Erkennens sehen und glauben, in die Tiefen der Erkenntnis vorgedrungen zu sein, oder jenen, die im Wachen eine Form der Wahrheit sehen und dafürhalten, die absolute Wahrheit zu besitzen. Ich suchte die Einsamkeit, denn ich verachte die Schmeicheleien des Rohlings, der Freundlichkeit für Schwachheit hält, Toleranz für Feigheit und Seelengröße für Hochmut. Ich suchte die Einsamkeit, denn ich war des Umgangs mit den Reichen überdrüssig, die davon überzeugt sind, dass die Sonnen, Monde und Sterne aus ihren Schatztruhen aufgehen und in ihre Tresore untergehen. Ich hatte es satt, mit Politikern Umgang zu pflegen, die mit den Wünschen der Nation ihr Spiel treiben, indem sie Gold schimmernden Sand in ihre Augen streuen und ihre Ohren mit wohlklingenden Worten füllen. Und es ödete mich an, Priestern zu begegnen, die den Menschen predigen, was sie sich selber nicht predigen, und von ihnen verlangen, was sie von sich selber nicht verlangen. Ich suchte die Einsamkeit auf, weil ich aus der Hand eines Menschen noch nie etwas erhalten habe, was ich nicht zuvor mit meinem Herzen bezahlt hatte. Ich suchte die Einsamkeit auf, weil mich dieses gigantische Gebäude, das man Zivilisation nennt, anwidert, dieses sorgsam errichtete und prächtig geschmückte Gebäu-

de, das auf einem Berg menschlicher Totenschädel errichtet wurde.
Ich suchte die Einsamkeit, denn in der Einsamkeit finden wir das Leben der Seele, des Geistes und des Körpers. Ich suchte die leere Wüste, denn in der Wüste entdecken wir das Licht der Sonne, den Duft der Blumen und die Melodien der Flüsse. Ich zog mich ins Gebirge zurück, denn hier erlebt man das Erwachen des Frühlings, die Sehnsucht des Sommers, die Lieder des Herbstes und die Macht des Winters. Ich kam in diese entfernte Einsiedelei, weil ich die Geheimnisse der Erde kennenlernen will und mich dem Throne Gottes nähern möchte.«
Er schwieg und atmete tief, als ob man eine schwere Last von seiner Schulter genommen hätte, seine Augen leuchteten, und auf seinem Gesicht konnte man Anzeichen von Stolz und Entschlossenheit lesen.
Ich betrachtete ihn eine Weile und dachte darüber nach, was er mir enthüllt hatte. Dann sagte ich: »Du hast recht in allem, was du gesagt hast. Aber indem du die Krankheiten der Gesellschaft so trefflich diagnostizierst, hast du mir bewiesen, dass du ein brillanter Arzt bist. Und meinst du nicht, dass es einem Arzt nicht erlaubt ist, den Kranken aufzugeben und zu verlassen, bevor er entweder geheilt oder gestorben ist? Die Welt braucht dringend Menschen wie dich, und es ist bedauerlich, dass du dich von den Menschen zurückziehst, während du ihnen nützlich sein könntest.«
Er sah mich einen Moment an, dann entgegnete er mit einem Ton von Bitterkeit: »Seit Anbeginn der Welt versuchen Ärzte, die Kranken von ihren Krankheiten zu befreien. Die einen versuchten es mit Seziermessern, die anderen mit Medikamenten; doch alle starben hoffnungslos. Möge der Kranke sich damit begnügen, auf seinem Lager zu liegen und sein Leiden zu akzeptieren; aber er greift jedem

an den Hals, der ihn besucht oder pflegt, um ihn zu erwürgen. Und was mich auf die Palme bringt, ist, dass dieser bösartige Kranke seinen Arzt umbringt und dann seine Augen schließt und sagt: ›Das war wirklich ein großer Arzt!‹ … Nein, mein Bruder, es gibt unter den Menschen keinen, der einem anderen Menschen nützlich sein könnte. Selbst der Bauer – so fähig er sein mag – kann seine Felder nicht im Winter nutzen.«

»Der Winter der Welt geht vorüber«, gab ich zu bedenken, »und danach kommt ein herrlicher Frühling, und auf den Feldern blühen die Blumen, und die Flüsse singen in den Tälern.«

Er runzelte die Stirn und sagte mit einem Seufzer: »Ich weiß nicht, ob Gott das menschliche Leben, das eine Ewigkeit dauert, in Jahreszeiten einteilt, die den Jahreszeiten in der Natur in ihrer Abfolge gleichen. Wird es in Tausenden von Jahren auf dieser Erde eine menschliche Gesellschaft geben, die aus dem Geist und der Wahrheit lebt? Wird eine Zeit kommen, die den Menschen ehrt, die ihn in die Mitte des Lebens stellt, eine Zeit, in der sich der Mensch am Licht des Tages und an der Stille der Nacht erfreut? Was meinst du, wird das jemals eintreten? Wird sich das verwirklichen, wenn die Erde der Ketten und Fesseln des Menschen überdrüssig ist und genug Menschenblut getrunken hat?«

Er erhob seine Rechte, als ob er auf eine andere Welt hinweisen wollte und sagte: »Das sind alles Träume, und diese Einsiedelei ist kein Haus für Träume! Jeder Winkel dieses Raumes ist erfüllt von dem, was ich sicher weiß, ja sogar diese Täler und Berge sind davon erfüllt. Und was ich sicher weiß, ist dies: Ich bin ein menschliches Wesen, das in seinem Innersten Hunger und Durst verspürt. Und ich habe ein Recht darauf, diesen Hunger und Durst mit dem Brot und Wein des Lebens zu stillen – aus Gefäßen, die ich mit meinen eigenen Händen herstelle. Deshalb verließ ich die Tische der Menschen und ihre Feste, und ich kam an diesen einsamen Ort, wo ich bis zum Ende meines Lebens bleiben werde.«

Er ging im Raum auf und ab, während ich ihn betrachtete, über seine Worte nachsann und mir die Motive vorzustellen versuchte, die es bewirkt hatten, dass er die menschliche Gesellschaft in so düsteren Farben und krummen Linien sah. Dann unterbrach ich ihn und sagte: »Ich respektiere deine Ideen und Ziele! Ich respektiere auch deine Einsamkeit. Aber ich weiß auch – und dieses Wissen enthält ein Bedauern –, dass diese unglückliche Nation durch deine Abwendung von ihr einen fähigen Menschen verloren hat, der ihr hätte bestens dienen und nützen können.«

Er entgegnete kopfschüttelnd: »Diese Nation ist wie alle anderen Nationen, denn die Menschen sind alle gleich veranlagt, und sie unterscheiden sich lediglich durch äußere Erscheinungsformen, die unwesentlich sind. Das Elend der orientalischen Nationen ist das Elend der ganzen Welt. Und was man als Evolution im Okzident bezeichnet, ist nur eine Form der Illusion. Heuchelei bleibt Heuchelei, selbst wenn sie sich die Nägel schneidet, Betrug bleibt Betrug – auch mit gefärbten Fingernägeln; und Lüge wird keine Wahrheit dadurch, dass sie sich in Seide hüllt und Schlösser bewohnt; Verrat wandelt sich nicht in Treue, weil er Schnellzüge und Flugzeuge benutzt; Ehrgeiz wird nicht zur Genügsamkeit, weil er imstande ist, Entfernungen zu vermessen und Gewichte festzustellen; Verbrechen werden keine Tugenden, weil Firmen und Institute sie in Auftrag geben. Und was die Sklaverei betrifft – die Sklaverei des Lebens durch Vergangenheit, Erziehung, Tradition und Mode –, so bleibt sie Sklaverei, selbst wenn sie ihr

Gesicht anmalt und ihre Kleidung wechselt; sie bleibt Sklaverei, auch wenn sie sich den Namen Freiheit zulegt. Nein, mein Bruder, der Mensch im Okzident ist nicht fortgeschrittener als der Orientale, und der Orientale ist nicht weiser als der Mensch im Westen. Der Unterschied zwischen ihnen ist der gleiche wie zwischen Wolf und Hyäne. Ich habe diese Gesellschaften beobachtet und hinter allen unterschiedlichen äußeren Erscheinungsformen ein einziges Grundgesetz erkannt, das gerecht ist, und das Elend, Blindheit und Unwissenheit zu gleichen Teilen verteilt, ohne ein Volk einem anderen vorzuziehen oder eine Gruppe mehr zu unterdrücken als eine andere.«

Seine Worte versetzten mich in Erstaunen, und ich antwortete verwirrt: »Also ist deiner Meinung nach alle Zivilisation und alles, was sie mit sich bringt, umsonst?« »Ja«, bestätigte er, »alle Zivilisation und alles, was sie mit sich bringt, ist eitel. Die Erfindungen und Entdeckungen sind nichts als Spielzeuge, mit deren Hilfe der Verstand Ablenkung sucht, wenn er sich in einem Zustand der Langeweile und des Verdrusses befindet. Die Verkürzung der Entfernungen, die Einebnung der Gebirge, die Beherrschung der Meere und des Weltraums sind nichts als trügerische Früchte aus Dunst, die weder das Auge erfreuen, noch das Herz erquicken oder die Seele erheben können. Und was Kenntnisse und Kunst betrifft, so sind sie goldene Fesseln und Ketten, die der Mensch hinter sich herzieht, erfreut über ihren Glanz und das Klirren ihrer Ringe, es sind Käfige, deren Stangen und Gitter der Mensch vor Jahrhunderten zu schmieden begann, ohne zu wissen, dass er am Ende seiner Arbeit und seines Wirkens sich selbst im Innern dieser Käfige gefangen findet. Ja, eitel sind die Werke des Menschen, eitel sind seine Absichten und Ziele, seine Neigungen und Wünsche; eitel ist alles auf dieser Welt. Doch unter all den Eitelkeiten des Lebens gibt es etwas, das wert ist, dass man es begehrt, wünscht und liebt.«

»Und was ist das?«, fragte ich neugierig.

Er verharrte eine Weile schweigend, dann schloss er seine Augenlider, verschränkte seine Hände auf seiner Brust und sagte mit leuchtendem Gesicht und entspannten Zügen: »Es ist ein Erwachen in den tiefsten Tiefen der Seele. Es ist eine Idee, die den Geist des Menschen überfällt und seinen Blick öffnet, so dass er das Leben anders sieht. Er sieht es umgeben von einer Aureole, wie ein Lichtturm zwischen Himmel und Erde aufgerichtet, und es ist voller Melodien. Es ist wie eine Flamme, die plötzlich im Innern auflodert, die das trockene Gras der Umgebung verbrennt und lodernd in den Raum aufsteigt. Es ist ein Gefühl der Sympathie und Zuneigung, die das ganze Herz erfüllt und alles verachtet, was nicht mit ihr übereinstimmt und alle geringschätzt, die in diese Geheimnisse nicht eingeweiht sind. Es ist eine unsichtbare Hand, die den Schleier von meinen Augen entfernte, als ich inmitten der Menschen war, mit meinen Familienangehörigen, Freunden und Landsleuten. Ich hielt überrascht inne und sagte mir: Was sind das für Gesichter, die mich anstarren? Woher kenne ich sie? Wo traf ich sie? Und warum halte ich mich bei ihnen auf? Bin ich nicht ein Fremder unter ihnen, und sind sie nicht Fremde in Häusern, die das Leben für mich gebaut hat, und deren Schlüssel es mir anvertraut hat?«

Er schwieg, als ob die Erinnerung Bilder in sein Gedächtnis projiziert hätte, die er nicht preisgeben wollte. Dann breitete er seine Arme aus und sagte flüsternd: »Das ist es, was mir vor vier Jahren widerfuhr. Da verließ ich die Welt und kam in diese Wildnis, um im Zustand des Wachens zu leben, und um mich zu erfreuen am Denken, Fühlen und Schweigen.«

Er ging zur Tür der Einsiedelei und schaute in die Nacht. Dann sagte er mit lauter Stimme, als ob er sich an den Sturm wandte: »Es ist ein Erwachen in den Tiefen der Seele. Wer es kennengelernt hat, vermag es nicht in Worte zu kleiden. Und wer es nicht kennt, wird seine Geheimnisse nie erahnen.«

4

Eine Stunde verging, die erfüllt war vom Geflüster der Gedanken und vom Heulen des Sturmes. Yussuf al-Fachry ging im Innern der Einsiedelei auf und ab. Von Zeit zu Zeit blieb er am Eingang stehen und blickte in die verregnete Nacht. Ich verharrte schweigend, lauschte den Schwingungen seines Geistes und dachte über seine Worte nach sowie über sein Leben und was sich darin an Freuden der Einsamkeit und Leiden verbarg. Nach Mitternacht näherte er sich mir und betrachtete lange mein Gesicht, als wollte er sich das Bild des Menschen einprägen, dem er das Geheimnis seiner Einsamkeit und Zurückgezogenheit offenbart hatte. Dann sagte er: »Ich gehe jetzt, denn im Sturm zu laufen, ist für mich eine Freude, die ich im Herbst und Winter genieße. Hier ist die Cafetière, und hier sind die Zigaretten. Wenn du Wein trinken willst, so findest du ihn in diesem Krug, und wenn du schlafen willst, so nimm dir Decke und Kissen aus dieser Ecke.«
Nach diesen Worten hüllte er sich in einen dicken, schwarzen Umhang und sagte lächelnd: »Ich bitte dich, die Tür der Einsiedelei zu schließen, wenn du sie morgen früh verlässt, denn ich werde den morgigen Tag im Zedernhain verbringen.«
Er ging zur Tür, nahm einen langen Stock von der Wand und sprach: »Wenn der Sturm dich ein zweites Mal in dieser Umgebung überrascht, dann zögere nicht, in die Ein-

siedelei zu kommen. Allerdings wäre ich froh, wenn du deiner Seele die Liebe zum Sturm beibringst und nicht die Angst davor! Guten Abend, Bruder!« Und er trat eilig in die Nacht hinaus.
Als ich an die Tür der Einsiedelei trat und ihm nachblickte, hatte die Finsternis ihn bereits aufgenommen, und man hörte nur noch das Hallen seiner Schritte auf dem Kiesweg.
Als der Morgen kam, war der Sturm vorbei, die Wolken hatten sich zerstreut, und Felsen und Wälder erschienen im neuen Schmuck des Sonnenlichts. Ich verließ die Einsiedelei, nachdem ich ihre Tür gut verschlossen hatte. Da geschah in meiner Seele etwas von dem geistigen Erwachen, von dem Yussuf al-Fachry gesprochen hatte.
Kaum hatte ich die Häuser der Menschen erreicht, sah ihre Betriebsamkeit und hörte ihren Lärm, da hielt ich einen Moment inne und sagte mir: Ja, das geistige Erwachen ist das wichtigste Ereignis im Menschen; es ist sogar das Ziel seines Lebens. Aber ist nicht auch die Zivilisation mit allem, was sie enthält, ein Weg zum geistigen Erwachen? Wie ließe sich das leugnen? Zwar mag unsere gegenwärtige Zivilisation eine vorübergehende Erscheinungsform sein, doch das ewige Gesetz macht aus diesen vorübergehenden Manifestationen eine Leiter, deren Sprossen uns zum absoluten Wesen führen.
Ich habe Yussuf al-Fachry kein weiteres Mal mehr getroffen, denn das Schicksal hat mich am Ende jenes Herbstes aus dem Nordlibanon verbannt. Ich emigrierte in ein entferntes Land, dessen Stürme gezähmt sind. Und was die Askese betrifft, so hält man sie in diesem Land für eine Torheit.

Die Stürme

Das ehrgeizige Veilchen

In einem abgelegenen Garten lebte ein Veilchen, das hübsch aussah und einen lieblichen Duft verbreitete, inmitten einer Gruppe anderer Veilchen; sie waren zufrieden und wiegten sich glücklich im Grase.

Eines Morgens hob das Veilchen seinen mit Tautropfen gekrönten Kopf und schaute sich nach allen Seiten um. Da erblickte es eine Rose, die sich mit schlanker Taille und stolz erhobenem Kopf zum Himmel aufrichtete wie eine Feuerflamme in einem Kandelaber aus Smaragd.

Das Veilchen öffnete seinen blauen Mund und klagte: »Wie unglücklich bin ich inmitten solcher Blumen! An ihrer Seite kommt mir ein ganz bescheidener Platz zu. Die Natur schuf mich winzig und unbedeutend. Ich hafte an der Erdoberfläche und kann mich nicht in den blauen Himmel aufschwingen oder mein Gesicht der Sonne zuwenden, wie es die Rosen tun.«

Die Rose hörte, was ihre Nachbarin, das Veilchen, sagte. Sie wiegte sich lächelnd hin und her und sagte:

»Wie dumm und unwissend du doch bist! Du hast von der Natur eine Gunst erhalten, deren Wert du nicht erkennst. Die Natur stattete dich mit Anmut und lieblichem Duft aus, die sie nur selten verleiht. Lass also diese irrigen Gedanken und lasterhaften Wünsche beiseite, und sei zufrieden mit dem, was die Natur dir schenkte. Denk daran, wer sich erniedrigt, wird erhöht werden, und wer immer mehr verlangt, erhält weniger!«

Das Veilchen entgegnete:

»Dir fällt es leicht, mich zu trösten, o Rose, denn du besitzt all das, was ich erträume. Und dir fällt es auch nicht schwer, meine Bescheidenheit zu rühmen, da du von auffallender Schönheit bist. Wie unglaubwürdig klingen die Predigten der Glücklichen in den Ohren der Unglücklichen! Und wie unbarmherzig ist der Starke, wenn er dem Schwachen Lehren erteilt!«

Die Natur vernahm die Unterhaltung zwischen der Rose und dem Veilchen. Sie erzürnte und sagte erregt:
»Was fällt dir ein, meine Tochter Veilchen! Bisher kannte ich dich sanftmütig und edel. Hat der Ehrgeiz dich angesteckt und die leere Pracht dich verführt?«
Das Veilchen erwiderte mit flehender Stimme:
»O Mutter, die du groß bist in deiner Macht und ebenso groß in deiner Zärtlichkeit! Ich bitte dich inständig und voller Hoffnung, meinen Herzenswunsch zu erfüllen und mich zu einer Rose zu machen – und wenn es nur für einen einzigen Tag wäre!«
Die Natur entgegnete: »Du weißt nicht, was du verlangst! Du weißt auch nicht, wie viel Elend sich hinter sichtbarer Größe verbirgt. Wenn ich dich größer machte und deine Blüte veränderte, würdest du es sicher eines Tages bereuen, und es wäre zu spät.«
Doch das Veilchen beharrte auf seinem Wunsch und sprach: »Verwandle mich in eine Rose von hohem Wuchs … Und was mir danach auch geschieht, wird Teil meines Wunsches und Strebens sein.«
Die Natur streckte ihre unsichtbaren Zauberfinger aus und berührte die Wurzeln des Veilchens, das sich sogleich in eine hochaufragende Rose verwandelte, die alle Blumen und Gewächse überragte.
Als die Sonne an diesem Tag unterging, überzog sich der Himmel mit schwarzen Wolken, und auf die Ruhe des

Tages folgte ein heftiges Gewitter; eine Armee von Blitzen, Donnern und Regengüssen erklärte dem Garten den Krieg. Der Sturm brach die morschen Äste, knickte die Pflanzen und entwurzelte die hoch aufragenden Blumen; nur die Pflanzen, die sich an die Erdoberfläche duckten und sich in Felsenspalten versteckten, verschonte er.
Und jener abgelegene Garten erlitt bei diesem furchtbaren Unwetter größeren Schaden als alle anderen. Als der Sturm endlich nachließ und die dunklen Wolken sich verzogen, lagen alle Blumen geknickt oder entwurzelt am Boden. Dieses schreckliche Unwetter hatte im Garten alles dahingerafft – bis auf eine kleine Gruppe von Veilchen, die im Schutz der Gartenmauer wuchsen.
Eines der Veilchen hob seinen Kopf und sah, was mit den Blumen und Bäumen des Gartens geschehen war. Es lächelte und sagte zu seinen Gefährten:
»Seht nur, was der Sturm mit den stolzen und überheblichen Blumen gemacht hat!«
Ein anderes Veilchen sagte:
»Wir sind zwar klein und erheben uns kaum von der Oberfläche der Erde, aber wir sind sicher vor dem Zorn der Natur.«
Und ein drittes Veilchen bemerkte:
»Ja, wir sind nicht groß, aber wir brauchen auch den Sturm nicht zu fürchten.«
Da schaute sich die Königin der Veilchen um und sah in ihrer Nähe die Rose, die gestern noch ein Veilchen war; der Sturm hatte sie ausgerissen und ihre Blätter auf dem Gras zerstreut, und sie sah aus wie ein toter Soldat, der von den Pfeilen seines Gegners niedergestreckt worden war.
Die Königin der Veilchen wandte sich an ihre Gefährten und sagte:

»Seht her, meine Töchter, und lasst euch dies eine Lehre sein! Seht das Veilchen, das vom Ehrgeiz besessen, sich in eine Rose verwandeln ließ. Nur eine Stunde lang war sie groß und von hohem Wuchs, dann fiel sie auf die Erde nieder.«

Die sterbende Rose bebte. Sie sammelte all ihre Kräfte und sagte leise: »Hört ihr Unwissenden, die Sturm und Regen fürchten! Gestern noch war ich anspruchslos wie ihr. Ich ließ mich nieder zwischen meinen grünen Blättern und war zufrieden mit meinem Los. Diese Zufriedenheit war eine Schranke, die mich vor den Stürmen des Lebens bewahrte. Sie grenzte mein Sein ein und gab mir dafür Sicherheit und Geborgenheit. Ich hätte weiter so leben können wie ihr, dem Erdboden verhaftet, bis der Winter mich mit seinem Schnee bedeckt, bis ich wie die anderen Veilchen vor mir ins Schweigen des Todes und des Nichts eintrete, ohne die Geheimnisse des Lebens erkannt zu haben, ohne von anderen Lebensformen etwas geahnt zu haben. Ich hätte mich vom Ehrgeiz abwenden können und auf alle Dinge verzichten können, die meiner Natur nicht entsprechen. Aber ich lauschte dem Schweigen der Nächte und hörte den Himmel der Erde sagen:

›Das Ziel dieses Lebens ist das Streben nach einem höheren Sein!‹

Seitdem lehnte sich mein Geist auf, und ich wünschte mir inständig, meine Grenzen zu sprengen und über mich hinauszuwachsen. Ich strebte danach, was ich noch nicht war, bis sich meine Auflehnung in wirksame Kraft und schöpferischen Willen verwandelte, und so bat ich die Natur – und was ist diese anders als der äußere Aspekt unserer geheimen Wünsche –, mich in eine Rose zu verwandeln, und sie tat es. Und es ist nicht das erste Mal, dass die Natur Bilder und äußere Formen mit den Fingern der Sehnsucht veränderte.«

Die Rose schwieg eine Weile. Dann fuhr sie mit einer Stimme fort, in die sich Stolz und Freude mischten:
»Eine Stunde lang lebte ich wie eine Königin. Ich sah die Welt durch die Augen einer Rose. Ich hörte das Flüstern des Sephirs mit den Ohren einer Rose, und ich fühlte die Strahlen des Lichts mit den Blättern einer Rose. Gibt es unter euch jemanden, der diese Ehre beanspruchen kann?« Dann neigte die Rose ihr Haupt, und mit kaum hörbarer Stimme hauchte sie:
»Ich sterbe, aber meine Seele enthält etwas, was keines Veilchens Seele je enthielt. Ich sterbe mit einem Wissen um das, was hinter dem begrenzten Dasein liegt, in dem ich aufgewachsen bin. Und das ist das Ziel des Lebens. Es ist das Wesen des Seins, das sich hinter den Bildern der Tage und Nächte verbirgt.«
Die Rose schloss zitternd ihre Blütenblätter, dann starb sie mit einem Lächeln auf ihrem Gesicht, es war das Lächeln von jemandem, dem das Leben seine Wünsche erfüllt hat, das Lächeln des Sieges, das Lächeln Allahs.

Die Stürme

Die größere See

Meine Seele und ich gingen an die große See, um zu baden. Als wir an die Küste kamen, hielten wir Ausschau nach einem stillen und heimlichen Platz. Dabei stießen wir auf einen Mann, der auf einem grauen Felsen saß, Salz aus einem Sack nahm und es ins Meer warf.

»Das ist der Pessimist«, sagte meine Seele, »lass uns den Ort verlassen. Hier können wir nicht baden.«

Wir wanderten weiter und kamen an eine Bucht, wo wir einen Mann sahen, der auf einem weißen Felsen stand und aus einer juwelenbesetzten Schatulle Zucker in die See warf.

»Das ist der Optimist«, sagte meine Seele, »er soll unsere nackten Körper auch nicht sehen.«

Wir wanderten weiter und sahen einen Mann, der am Strand tote Fische auflas und sie behutsam wieder in das Wasser tat.

»Vor diesem können wir auch nicht baden«, sagte meine Seele, »das ist der humane Philanthrop.«

Wir gingen weiter.

Dann sahen wir einen Mann, der seinem Schatten im Sand folgte. Große Wellen kamen und löschten den Schatten aus, aber der Mann folgte ihm weiter immerzu.

»Das ist der Mystiker«, sagte meine Seele, »gehen wir weiter.«

Wir gingen weiter, bis wir in einer stillen Bucht einen Menschen sahen, der den Schaum vom Wasser abschöpfte und in eine Alabasterschale tat.

»Das ist der Idealist«, sagte meine Seele, »der darf unsere Nacktheit gewiss nicht sehen.«

Wir gingen weiter. Plötzlich hörten wir eine Stimme: »Die See! Die unendlich gewaltige See!« – Als wir näher kamen, sahen wir einen Mann, der mit dem Rücken zur See dem Rauschen einer Muschel lauschte.

Meine Seele sagte: »Gehen wir weiter. Das ist der Realist, der dem Ganzen, das er nicht fassen kann, den Rücken kehrt und sich mit Stückwerk aufhält.«

So gingen wir weiter. In einer felsigen Wildnis sahen wir einen Mann, der seinen Kopf in den Sand eingegraben hatte. Da sagte ich zu meiner Seele: »Hier können wir baden, der kann uns nicht sehen.«

»Nein«, sagte meine Seele, »das ist der Übelste von allen, der Puritaner.«

Da wurde meine Seele sehr traurig und sagte:

»Gehn wir fort von hier. Hier gibt es keinen stillen und heimlichen Platz, wo wir baden könnten. Dieser Wind soll nicht durch mein goldenes Haar und über meinen weißen Busen streichen, dies Licht soll nicht meine heilige Nacktheit entblößen.«

So verließen wir die See, um nach der größeren See zu suchen.

Der Narr

Glückseligkeit

Ich suchte die Glückseligkeit im Alleinsein,
Und als ich mich ihr näherte, hörte ich,
Wie meine Seele mir ins Herz flüsterte:
»Die Glückseligkeit, die du suchst, ist eine Jungfrau,
Geboren und aufgewachsen in den Tiefen
eines jeden Herzens,
Und sie verlässt ihren Geburtsort nicht.«
Und als ich mein Herz öffnete, um sie zu finden,
Da entdeckte ich darin nur ihren Spiegel,
Ihre Wiege und ihr Gewand,
Aber die Glückseligkeit fand ich dort nicht.

Glückseligkeit ist ein Mythos, dem wir nachjagen,
Und wenn wir sie gefunden haben, verdrießt es uns.
Wie der Fluss, der eilig in die Ebene rauscht,
Dort angekommen langsam wird und düster.

Denn der Mensch ist nur glücklich
In seinem Streben nach der Höhe,
Wenn er sein Ziel erreicht hat,
Verliert sich der Zauber, und er sehnt
sich nach anderen Höhenflügen.

Glückseligkeit auf Erden ist wie eine Flotte
Vorbeiziehender Geister, nach denen der Mensch
Begierig greift, ohne auf Geld oder Zeit zu achten.
Und wenn die Erscheinung sich in Wirklichkeit
verwandelt,
Wird sie dem Menschen bald langweilig.

Das Reich der Ideen

Wenn die Liebe dir winkt

Die bezaubernde Fee

Wohin führst du mich, bezaubernde Fee?
Bis wann soll ich dir auf diesem unwegsamen Pfad folgen, der sich zwischen Felsen dahinschlängelt, unsere Schritte nach oben führend und unsere Seelen in die Tiefen lenkend?
Ich hielt mich fest an deiner Schleppe und folgte dir wie ein Kind seiner Mutter. Ich versuchte, meine Träume zu vergessen, indem ich gebannt auf deine Schönheit blickte. Ich stellte mich blind gegenüber dem Reigen der Geister, die um meinen Kopf kreisten, angezogen von der Kraft deines Körpers.
Halt eine Weile inne, damit ich dein Gesicht sehe! Schau mich an, vielleicht entdecke ich in deinen Augen die Geheimnisse deiner Seele und erkenne in deinen Gesichtszügen, was dein Herz verbirgt.
Halt ein wenig an, bezaubernde Fee! Das Laufen hat mich ermüdet, und ich zittere noch am ganzen Leib angesichts der Gefahren des Weges. Halt an, denn wir haben schon den Abschnitt des Weges erreicht, wo der Tod das Leben umfängt. Ich gehe keinen Schritt weiter, bevor du mir nicht deine Absichten verrätst und mir anvertraust, was sich in deinem Herzen verbirgt.

Hör zu, bezaubernde Fee! Gestern war ich noch ein freier Vogel, der am Firmament schwebte und Flüsse und Bäche auf ihrem Weg begleitete; ich setzte mich auf einen Zweig und betrachtete die Schlösser und Tempel in der Stadt der Wolken, deren Farben beim Abendrot leuchteten und beim Sonnenuntergang verlöschten. Ich war wie ein Gedanke, der sich einsam von Osten zum Westen der Erde fortbewegte, erfreut über die Schönheiten und Gaben des

Lebens und auf der Suche nach den Geheimnissen des Daseins.
Ich war wie ein Traum, der unter den Flügeln der Nacht dahinglitt. Durch Fensterspalten drang ich in die Stuben schlafender Jungfrauen ein und spielte mit ihren Wünschen, dann begab ich mich ans Lager der Jünglinge und entfachte ihre Gefühle, und am Lager der Greise brachte ich ihre Gedanken ans Licht.
Heute aber, nachdem ich dich getroffen habe, bezaubernde Fee, und nachdem ich mich beim Küssen deiner Hand vergiftet habe, heute bin ich wie ein Gefangener, der seine Ketten hinter sich herzieht zu einem Ziel, das ich nicht kenne. Ich gleiche einem Betrunkenen, der immer mehr verlangt von dem Wein, der mich meines Willens beraubt hat, und ich küsse die Hand, die mich geohrfeigt hat.

Halt eine Weile inne, bezaubernde Fee, denn allmählich kehrt meine Kraft zurück. Ich habe die Ketten zerrissen, die meine Füße verletzten und das Glas zerbrachen, aus dem ich das süße Gift getrunken habe. Was hast du mit mir vor, welchen Weg sollen wir einschlagen?
Ich habe meine Freiheit wieder gefunden. Akzeptierst du mich als freien Begleiter, der mit offenen Augen in die Sonne blickt und mit Fingern, die nicht zittern, das Feuer berührt?
Ich habe meine Flügel wieder entfaltet. Bist du bereit, einen Jüngling zu begleiten, der die Tage damit zubringt, sich im Gebirge wie ein Adler emporzuschwingen und die Nächte wie ein Löwe schlummernd in der Wüste zu verbringen?
Begnügst du dich mit der Liebe eines Mannes, dem Liebe Vertrauen bedeutet und nicht Beherrschung?

Genügt dir die Zuwendung eines Herzens, das liebt, ohne sich zu unterwerfen, und das brennt, ohne sich zu verzehren? Kannst du Gefallen finden an der Liebe einer Seele, die vor dem Sturm zittert, aber nicht zerbricht, und die mit dem Orkan rebelliert, aber sich nicht entwurzeln lässt? Bist du einverstanden mit einem Begleiter, der niemanden unterjocht und sich nicht unterjochen lässt?
Dann nimm diese Hand in deine schöne Hand, umarme meinen Körper mit deinen sanften Armen und küsse meinen Mund in einem langen, stummen Kuss!

Die Stürme

Martha aus Ban

Marthas Vater starb, als sie noch in der Wiege lag, und bevor sie das zehnte Lebensjahr erreicht hatte, starb auch ihre Mutter. Ein armer Nachbar, der mit seiner Frau und seinen Kindern in einem abgelegenen, ärmlichen Bauernhaus in der beeindruckenden Gebirgslandschaft des Libanon wohnte und von den Früchten des Feldes lebte, nahm die Waise bei sich auf.
Bei seinem Tod hatte Marthas Vater nichts als seinen guten Namen hinterlassen und ein Häuschen, das zwischen Weiden und Walnussbäumen stand. Der Tod der Mutter hatte Martha schwer getroffen. Er hinterließ eine Leere in ihrem Herzen und überließ sie dem traurigen Los einer Waisen. Ihr Geburtshaus im Schatten hoher Bäume wurde ihr fremd.
Barfuß und in abgetragenen Kleidern führte sie täglich eine Kuh auf die Weide. Tagsüber saß sie unter einem

Baum, sang mit den Vögeln und weinte mit dem Bach. Sie betrachtete die Blumen und beneidete die Kuh um ihre reiche Kost.

Wenn der Abend anbrach und sich der Hunger bemerkbar machte, kehrte sie ins Haus ihres Vormunds zurück und setzte sich mit seiner Familie an den Tisch, auf dem ein kärgliches Abendessen bereitet war, das aus Maisbrot, Oliven und getrockneten Früchten bestand. Sie schlief in einem Bett aus Stroh, und ihr Arm diente ihr als Kopfkissen. Vor dem Einschlafen betete sie, dass ihr Leben ein nie endender Schlaf sein möge.

Bei Tagesanbruch weckte sie ihr Vormund, damit sie die Hausarbeit erledigen konnte, bevor sie die Kuh auf die Weide führte. Aus Furcht vor seinem Zorn tat sie, was ihr befohlen wurde.

Auf diese Weise vergingen entbehrungsreiche Jahre, und Martha wuchs auf wie ein junger Baum. Wie der Duft in Blüten und Blumen, so entwickelte sich in ihr ein stilles, heiteres Gemüt. Sie überließ sich ihren Träumen und ihrer Phantasie und folgte ihnen wie die Schafe dem Fluss, an dessen Wassern sie ihren Durst stillen. Ihr Gemüt glich einem jungfräulichen Land, auf dem Verstand und Wissen noch keine Saat ausgestreut hatten, und ihre Seele war wie ein Schatten Gottes, der nichts anderes zu tun hatte, als zwischen Erde und Sonne zu verweilen.

Wir Städter, die wir inmitten der Anregungen und Ablenkungen der Städte leben, wissen so gut wie nichts vom Alltag der Dorfbewohner im Gebirge. Wir werden mitgerissen vom Strom des städtischen Getümmels, bis wir den Rhythmus des einfachen Lebens auf dem Lande vergessen, das im Frühling heiter lächelt, im Sommer keine Mühen scheut, im Herbst die Früchte dieser Mühen erntet und im Winter ruht. An Gold und Silber sind wir wohlhabender als sie, sie aber sind reicher an Würde und Ehre. Was wir ernten, säen wir nicht; sie aber ernten, was sie säen. Wir sind Sklaven unseres Gewinnstrebens geworden, und sie sind Kinder der Zufriedenheit. Unser Schluck aus dem Becher des Lebens ist mit Bitterkeit und Verdruss vermischt, sie aber stillen ihren Durst an reinem Lebensnektar.

Mit ihren sechzehn Jahren war Marthas Seele wie ein klarer Spiegel, der eine liebliche Landschaft reflektiert, und ihr Herz war wie ein tiefes Tal, in dem alle Stimmen widerhallen.

An einem Herbsttag saß sie an der Quelle und schaute auf die fallenden, bunten Blätter, die ein Windhauch von den Zweigen gelöst hatte, so wie der Tod die Seelen vom Baum des Lebens pflückt.

Sie betrachtete die vertrockneten Blumen, die ihre Samen dem Schoß der Erde anvertrauten, wie es Frauen mit ihrem Schmuck in Kriegszeiten zu tun pflegen.

Während sie bei der Betrachtung der Blumen und Bäume in Gedanken versunken war, hörte sie das Aufschlagen von Pferdehufen. Sie drehte sich um und erblickte einen Reiter, der sich näherte. Als er die Quelle erreicht hatte, und sie sein Gesicht und seine Kleidung sehen konnte, die seinen Wohlstand zum Ausdruck brachte, stieg er von seinem Pferd und grüßte sie mit galanten Worten, wie sie nie zuvor an ihr Ohr gedrungen waren.

Dann fuhr er fort:

»Ich habe mich verirrt, junge Dame. Hätten Sie die Güte, mir den Weg zur Küste zu zeigen?« Sie entgegnete zögernd: »Ich bedaure, Ihnen den Weg nicht zeigen zu können, da ich mich nie von diesem Platz entfernt habe. Doch ich kann meinen Vormund fragen. Er kann ihnen gewiss helfen.«

Sie errötete vor Scham, als sie mit dem Fremden sprach, was ihr Gesicht noch zarter und schöner erscheinen ließ. Als sie weggehen wollte, um ihren Vormund zu holen, hielt er sie zurück und bat: »Geh nicht weg!«

Eine seltsame Macht in der Stimme dieses Mannes ließ sie unbeweglich verharren. Als Martha zu ihm aufblickte, bemerkte sie, wie er sie mit Interesse und Wohlgefallen musterte. Sie konnte seine Blicke nicht deuten. Er lächelte sie an und betrachtete ihre bloßen Füße, ihre anmutigen Arme, ihren zarten Nacken und ihre glänzenden Haare; er sah ihre sonnengewärmten Wangen und ihr wohlgeformtes Gesicht. Sie saß bewegungslos da und brachte kein einziges Wort hervor.

Die Kuh kehrte an diesem Abend alleine in ihren Stall zurück. Marthas Vormund suchte das ganze Tal nach ihr ab, ohne sie zu finden. Er rief nach ihr, doch er hörte nichts als sein eigenes Echo.

Seine Frau weinte die ganze Nacht; am Morgen sagte sie: »Letzte Nacht sah ich Martha im Traum in den Klauen eines wilden Tieres, das sie tötete, während Martha zugleich lächelte und weinte.«

Das war alles, was ich von Marthas Leben im Gebirge in Erfahrung gebracht hatte. Ich erfuhr es von einem alten Dorfbewohner, der sie seit ihrer Kindheit kannte, bis sie plötzlich verschwunden war und nichts zurückgelassen hatte als die Tränen einer Frau und sporadische Erinnerungen, die am Morgen mit den leichten Winden durchs Tal ziehen.

Im Herbst des Jahres 1900 kehrte ich aus dem Nordlibanon – dort hatte ich meine Ferien verbracht – nach Beirut zurück. Bevor das Semester an der Universität begann, verbrachten meine Kameraden und ich noch eine Woche damit, durch Beirut zu bummeln. Wir genossen die geschenkte Freiheit, die wir im Internat entbehren mussten, und wir glichen Vögeln, deren Käfig geöffnet wird, damit sie nach Belieben ein- und ausfliegen können. Die Jugendzeit ist ein schöner Traum, dessen Leuchtkraft unter dem Staub der Bücher leidet. Wird jemals der Tag kommen, an dem der Weise die Freuden des Wissens mit den Träumen der Jugend verknupft? Wird der Tag kommen, an dem die Natur der Lehrmeister der Menschen sein wird, die Menschlichkeit ihr Lehrbuch und das Leben ihre Schule?

An jenem Tag wird sich der Traum der Jugend verwirklichen. Unser Aufstieg zur Vergeistigung vollzieht sich so schleppend, weil wir uns den Eifer der Jugend zu wenig zunutze machen.

Als ich eines Abends das Gedränge in den Beiruter Straßen beobachtete und betäubt war vom Geschrei der Straßenhändler, bemerkte ich unter ihnen einen etwa fünfjährigen Jungen in zerschlissener Kleidung, der auf einem Tablett Blumen zum Kauf anbot. Mit zaghafter Stimme fragte er mich: »Wollen Sie nicht einige Blumen kaufen, mein Herr?« Ich sah sein kleines, blasses Gesicht, seine scheuen Augen, seinen Mund, der wie eine Wunde leicht geöffnet war, und seine bloßen, dünnen Arme. Sein schwacher Körper war über das Blumentablett gebeugt wie ein Zweig welker Rosen auf frischem, grünem Gras. Ich nahm all diese Dinge mit einem Blick wahr, und ich versuchte, mein Mitleid durch ein Lächeln zum Ausdruck zu bringen, ein Lächeln, das bitterer war als Tränen. Ich kaufte ihm einige Blumen ab, doch was mir am Herzen lag, war mit ihm ins Gespräch zu kommen, denn ich fühlte, dass sein Herz eine Bühne war, auf der sich ein Drama des Elends abgespielt hatte, das zu sehen niemand bereit war, weil es bedrückt. Nachdem ich einige freundliche Worte mit ihm gewechselt hatte, fasste er Vertrauen; er sah mich erstaunt an, denn wie alle Armen war er es nicht gewohnt, dass man wohlwollend mit ihm sprach. Ich fragte ihn nach seinem Namen und erfuhr, dass er Fuad heißt. »Wessen Sohn bist du, Fuad?«, wollte ich wissen.

»Ich bin der Sohn von Martha aus Ban«, antwortete er.

»Und wer ist dein Vater?«, fragte ich weiter.

Er schüttelte seinen Kopf wie jemand, der den Sinn der Frage nicht versteht.

»Wo ist deine Mutter jetzt, Fuad?«

»Sie liegt krank zu Hause«, erwiderte er.

Plötzlich kam mir die unvollendete Geschichte von Martha aus Ban wieder in den Sinn, die ich von einem alten Dorfbewohner gehört hatte. Und nun erfuhr ich, dass sie hier in der Nähe lebte und offenbar krank war. Die junge Frau, die gestern noch wohlauf war und heiteren Sinnes durch die Täler streifte und sich an der Schönheit der Schöpfung erfreute, erlitt nun bittere Not. Diese Waise, die ihre Jugend im Paradies der Natur verbracht hatte, war im Armenviertel dieser Stadt gestrandet, als Beute von Elend und Unglück.

Der Junge sah mich an, während ich mir all diese Dinge vor Augen führte. Als er sich anschickte zu gehen, nahm ich ihn bei der Hand und sagte: »Bring mich zu deiner Mutter! Ich möchte sie gerne sehen.«

Er ging schweigend vor mir her; um sich meiner Gegenwart zu versichern, schaute er sich von Zeit zu Zeit um. Ich folgte Fuad durch enge, schmutzige Gassen, vorbei an verfallenden Häusern mit ekelhaften Gerüchen, wo Rechtsbrecher ihre Verbrechen ungestraft im Schutz der Dunkelheit begehen konnten.

Ich folgte dem Jungen und bewunderte seinen festen Schritt, denn man brauchte Mut, durch dieses Elendsviertel zu gehen, wo sich Gewalt, Verbrechen und Seuchen über den Ruhm dieser Stadt mokierten, die man ›die Braut Syriens‹ oder ›die Perle der Sultanskrone‹ nennt.
Am Ende einer der Gassen betrat der Junge ein besonders ärmliches Haus, das jeden Augenblick einzustürzen drohte. Mein Herz klopfte schneller, als ich Fuad in einen feuchten Raum ohne Licht und Luft folgte, der keine anderen Möbel enthielt als ein Eisenbett, auf dem eine Frau lag, beschienen vom schwachen Licht einer Petroleumlampe; sie lag mit ihrem Gesicht zur Wand, als ob sie der Armseligkeit und der Unterdrückung den Rücken kehren wollte.
Als der Junge ihre Schulter berührte und leise ›Mama‹ sagte, drehte sie sich langsam um und sah ihn an. Fuad zeigte auf mich. Sie bewegte ihren schwachen Körper unter der zerschlissenen Bettdecke und sagte mit verzweifelter Stimme:
»Was willst du, Fremder? Bist du gekommen, um den letzten Rest meiner Seele zu kaufen, und sie mit deiner Lust zu beflecken? Geh, die Straßen sind voll von Frauen, die sich verkaufen. Was von mir noch übrig bleibt, wird der Tod bald in Besitz nehmen. Verlass mich und meinen Jungen!«
Diese wenigen Worte fassten ihre tragische Lebensgeschichte zusammen. Ich näherte mich ihrem Bett und sagte:
»Martha, hab keine Angst vor mir! Ich komme nicht als begieriges Tier zu dir, sondern als mitfühlender Mensch. Ich wohnte lange Zeit in der Nähe deines Dorfes im Schatten der Zedern. Hab keine Angst vor mir!«
Als sie merkte, dass meine Worte aus einer mitfühlenden Seele kamen, zitterte sie wie ein dünner Zweig im Sturm.

Sie bedeckte ihr Gesicht mit ihren Händen und versuchte, so die Erinnerung zu verbergen, deren Augenblick der Süße durch Bitterkeit verheert wurde. Dann sagte sie gefasst:

»Sie kamen als Wohltäter hierher. Möge Gott Sie dafür belohnen. Dennoch bitte ich Sie zu gehen, denn Ihr Aufenthalt hier wird Sie entehren. Gehen Sie, bevor Sie jemand in diesem Zimmer entdeckt, und vermeiden Sie es, in dieser Gegend erkannt zu werden. Ihr mitfühlendes Herz kann weder meine Tugend wieder herstellen noch meine Schande wieder gut machen. Auch kann sie mich nicht vor den Händen des Todes schützen. Meine eigene Schuld stürzte mich in dieses Elend. Lassen Sie nicht zu, dass Ihr Mitgefühl Sie in schlechten Ruf bringt. Ich bin eine Aussätzige, der man aus dem Weg gehen muss. Gehen Sie, bevor Sie noch angesteckt werden! Gehen Sie, und erwähnen Sie meinen Namen nicht im Heiligen Tal! Das räudige Schaf entfernt der Hirte aus seiner Herde, damit es die anderen nicht ansteckt. Wenn Sie von mir sprechen, sagen Sie, dass Martha aus Ban gestorben ist.«

Dann nahm sie die kleine Hand ihres Sohnes, küsste sie und fuhr fort:

»Die Menschen werden meinem Sohn vorwerfen, dass er die Frucht der Sünde sei. Er ist der Sohn von Martha aus Ban, der Ehebrecherin, werden sie sagen. Sie werden noch mehr sagen, denn sie sind blind, und sehen nicht. Sie sind unwissend, und es bleibt ihnen verborgen, dass er gereinigt wurde durch die Tränen und den Schmerz seiner Mutter und dass sie ihre Schuld bereits gesühnt hat durch ihr Leiden und ihr Unglück. Ich werde sterben und ihn als Waisen zurücklassen inmitten der Straßenkinder. Er wird allein sein in diesem harten Lebenskampf, allein mit seinen traurigen Erinnerungen. Wenn er feige ist, wird er sich dieser Erinnerungen schämen; ist er aber stark, so wird er sich gegen die Ungerechtigkeit solcher Verhältnisse auflehnen, und wenn er ein Mann geworden ist, wird er dem Himmel helfen gegen denjenigen, der ihm und seiner Mutter Unrecht angetan hat und über sie Schande brachte. Und wenn sein Tod naht, werde ich ihn in der Ewigkeit erwarten, wo Licht und Frieden ohne Ende herrschen.«

Von ihren Worten bewegt, erwiderte ich:

»Martha, du bist keine Aussätzige! Auch wenn unreine Hände dich berührten, so bleibt dein Herz rein. Der Schmutz des Körpers kann einer reinen Seele nichts anhaben. Schnee und Eis können das Samenkorn in der Erde nicht vernichten. Dieses Leben ist eine Tenne der Traurigkeit, auf der das Korn der Seelen zermahlen wird. Wehe den Körnern, die nicht durch diese Tenne gehen; sie werden von den Vögeln gefressen und gelangen nicht in die Speicher des Herrn der Tenne. Du wurdest ungerecht behandelt, Martha, und derjenige, der dich misshandelte, ist der Sohn des Schlossherrn, der reich ist an Geld, aber arm in seiner Seele. Es ist besser für den Menschen, ungerecht behandelt zu werden, als selbst ungerecht zu sein. Besser ist es, ein Opfer menschlicher Schwäche zu werden, als zu den Starken und Unterdrückern zu gehören, welche die Blumen des Lebens mit ihren Füßen zertreten. Unsere Seele, Martha, ist ein goldenes Glied einer göttlichen Kette; das Feuer kann den Ring in seiner Form verändern, aber sein Material bleibt immer Gold und lässt sich nicht in eine andere Substanz umwandeln; im Gegenteil, das Feuer vermehrt den Glanz und die Reinheit des Goldes. Doch wehe der Spreu! Sie wird vom Feuer vernichtet werden, und von ihr wird nichts übrig bleiben als Asche; und wenn sich ein Sturm erhebt, wird er die Asche über die Wüste zerstreuen. Du bist eine Blume, Martha, die von dem Tier in Menschengestalt zertreten wurde. Doch der Duft der Blume, der zum Himmel steigt, konnte nicht zertrampelt werden.«

Während Martha mir aufmerksam zuhörte, erhellte sich ihr bleiches Gesicht wie Wolken, die von der untergehenden Sonne beleuchtet werden. Mit einer Geste lud sie mich ein, mich auf die Bettkante zu setzen. Ich betrachtete das Gesicht dieser jungen Frau, die im Frühling ihres Lebens stand und die sich ihres baldigen Todes bewusst war, eine verlassene Frau, die einst gesund und munter in den schönen Tälern des Nordlibanon lebte und die nun darauf wartete, dass die Bande zerschnitten würden, die sie an dieses Leben fesselten. Sie nahm all ihre verbleibende Kraft zusammen und flüsterte unter Tränen:

»Ja, ich bin all das, was du sagst. Ich bin ein Opfer des Raubtieres in Menschengestalt. Ich bin eine von den Hufen des Tieres zertretene Blume. Ich saß an der Quelle, als ein Reiter kam ... er sprach mit freundlichen Worten zu mir, wie ich sie nie zuvor gehört hatte ... er zog mich an sich und küsste mich ... er setzte mich auf sein Pferd und brachte mich in ein prächtiges Haus ... er schenkte mir Kleider aus Seide und duftende Parfüms ... er gab mir köstliche Speisen und Getränke. Doch sein gewinnendes Lächeln, seine freundlichen Worte und Gesten verbargen unreine Absichten. Nachdem er mich entehrt hatte, verließ er mich und lud auf meine Seele die Last der Schuld und Schmach. Er ließ mich allein mit der lebendigen Flamme in meinem Schoß. Er spaltete mein Leben in zwei Teile: mein hilfloses Ich und mein Kind ... uns war kalt, und wir waren hungrig ... wir waren allein und ohne Hilfe ... nur Tränen, Seufzer, Sorgen und Angst waren unsere Begleiter ... Um meinen Sohn zu ernähren, verkaufte ich meine Ehre gegen Nahrung und Kleidung ... Wie oft war ich nahe daran, mir das Leben zu nehmen, aber ich war nicht allein, sondern hatte für mein Kind zu sorgen. Doch nun ist endlich die Stunde gekommen, und der geliebte Tod naht, um mich unter seinen schützenden Fittichen zu bergen.«

Nach einer Weile des Schweigens sagte sie ruhig:

»O Gerechtigkeit, die du dich hinter so schrecklichen Bildern verbirgst, hör das Rufen meiner scheidenden Seele und das Flehen meines gebrochenen Herzens! Hab Erbarmen mit uns! Führe mit deiner Rechten meinen Sohn und empfange mit deiner Linken meine Seele!«

Ihre Kräfte schwanden, und ihr Atem wurde immer schwächer. Sie blickte liebevoll auf ihren Sohn, und mit kaum hörbarer Stimme flüsterte sie:

»Vater unser ... im Himmel ...
Dein Name werde geheiligt ...
Dein Reich komme ...
Dein Wille geschehe ...
wie im Himmel ... so auf Erden ...
Vergib uns unsere Schuld ...«

Ihre Stimme verließ sie, aber ihre Lippen bewegten sich noch einen Augenblick. Dann tat sie ihren letzten Atemzug. Ihre Augen blieben offen, als schauten sie das Unsichtbare.

Als der Morgen anbrach, wurde Martha aus Ban in einen einfachen Holzsarg gelegt und von zwei Männern zu einer Gruft getragen, die weit entfernt von Beirut lag. Die Priester hatten sich geweigert, sie in geweihter Erde zu begraben, wo das Kreuz über die Toten wacht. Niemand begleitete sie zu ihrer letzten Ruhestätte außer ihrem Sohn und einem jungen Mann, den das Leben Mitleid und Barmherzigkeit gelehrt hatte.

Die Nymphen der Täler

Am Tor des Tempels

Um von der Liebe zu sprechen, habe ich meine Lippen mit heiligem Feuer gereinigt, und als ich sie öffnen wollte, blieb ich stumm.
Bevor ich die Liebe kannte, besang ich sie in meinen Liedern; als ich sie kennengelernt hatte, lösten sich die Melodien in Luft auf, und die Worte verstummten.
Früher habt ihr mich nach den Wundern der Liebe gefragt, und ich wurde nicht müde, sie euch zu beschreiben. Jetzt, da die Liebe mich mit ihrer Schleppe berührte, erkundige ich mich bei euch nach ihren Wegen: Gibt es jemanden unter euch, der mir sagen kann, was mir geschehen ist? Gibt es jemanden, der fähig ist, mir die Wandlung meines Wesens zu erläutern?
Sagt mir, was ist das für eine Flamme, die in meinem Herzen lodert und meine Kräfte aufzehrt?
Was sind das für verborgene Hände, die meinen Geist in den Stunden der Einsamkeit sanft und fest zugleich erfassen und ihm einen Wein reichen, der vermischt ist mit der Bitterkeit der Lust und der Süße der Schmerzen?
Welche Flügel schweben in der Stille der Nacht über meinem Lager und wecken mich, damit ich beobachte, was ich nicht kenne, belausche, was ich nicht höre, betrachte, was ich nicht sehe, fühle, was ich nicht begreife, und nachdenke über das, was ich nicht verstehe? Dann seufze ich, und in meinen Seufzern empfinde ich Qualen, die mir süßer erscheinen als der Klang von Gelächter und Fröhlichkeit. Ich überlasse mich einer unsichtbaren Kraft, die mich sterben und auferstehen lässt, bis das Morgenrot anbricht und sein Licht alle Winkel meines Zimmers erhellt. Dann schlafe ich ein, und unter meinen schweren Lidern tanzen die Schatten des Erwachens, und auf

mein Bett aus Stein senken sich die Phantome der Träume. Was ist es, was wir Liebe nennen? Erzählt mir, was dieses verborgene Geheimnis ist, das sich sowohl hinter den sichtbaren Dingen als auch im Innern des Seins verbirgt? Was ist diese absolute Idee, die sich als Grund aller Folgen und als Ergebnis aller Gründe erweist?

Was für ein Erwachen ist das, welches den Tod und das Leben zugleich erfasst und es verwandelt in einen Traum, der wunderbarer ist als das Leben, tiefer und geheimnisvoller als der Tod?

Erzählt mir, ihr Menschen, ob es jemanden unter euch gibt, der nicht aus dem Schlaf des Lebens erwacht, wenn die Liebe seinen Geist mit Fingerspitzen berührt?

Gibt es jemanden unter euch, der nicht Vater und Mutter verlässt und seine Heimat aufgibt, wenn ihn das junge Mädchen ruft, das er liebt?

Gibt es jemanden unter euch, der nicht Berge und Täler, Meere und Wüsten überwindet, um der Frau zu begegnen, die seine Seele erwählt hat?

Ja, welcher Jüngling folgte seinem Herzen nicht bis ans Ende der Welt, wenn ihn dort eine Geliebte erwartet, deren Duft ihn bezaubert, deren Stimme ihn entzückt und deren Händedruck ihn beglückt?

Welcher Mensch verbrennt seine Seele nicht als Weihrauch vor einem Gott, der auf seine Bitten hört und sein Flehen erhört?

Gestern stand ich am Tor des Tempels und fragte die Vorübergehenden nach den Geheimnissen und den Merkmalen der Liebe.

Da kam ein erwachsener Mann von schlanker Gestalt und mit finsterem Blick an mir vorbei und sagte seufzend: »Die Liebe ist eine angeborene Schwäche, die wir vom ersten Menschen geerbt haben.«

Ein kräftiger junger Mann ging vorüber und sagte schwärmend: »Die Liebe ist eine Macht, die unzertrennlich mit unserem Wesen verbunden ist; sie verknüpft unsere Gegenwart mit Generationen der Vergangenheit und der Zukunft.«

Eine Frau mit traurigen Augen sagte seufzend: »Die Liebe ist ein tödliches Gift, ausgeatmet von schwarzen Schlangen, die sich in den Höhlen der Hölle befinden. Sie verströmen ihr Gift in die Atmosphäre, mit den Tautropfen fällt es vom Himmel herab, und die durstigen Seelen trinken es begierig; dann sind sie eine Minute lang trunken, ein Jahr lang wach und eine Ewigkeit tot.«

Die nächste Passantin war ein junges Mädchen mit rosigen Wangen. Sie sagte lächelnd: »Die Liebe ist ein Elixier, das die Nymphen der Morgenröte in starke Seelen ausgießen, und es bewirkt, dass diese sich ehrfürchtig erheben vor dem Planeten der Nacht und singend vor der Sonne des Tages schweben.«

Ein Mann in schwarzem Gewand und mit langem Bart ging vorüber und sagte mürrisch: »Die Liebe ist eine blinde Torheit, die sich in jugendlichem Alter einstellt und mit dem Ende der Jugend aufhört.«

Danach kam ein Mann mit fröhlichem Gesicht und strahlenden Augen vorbei und sagte heiter: »Die Liebe ist ein himmlisches Wissen, das unseren Verstand erhellt und uns die Dinge so sehen lässt, wie die Götter sie sehen.«

Dann näherte sich ein Blinder, indem er den Boden mit seinem Stock abtastete. Er sagte schluchzend: »Die Liebe ist ein dichter Nebel, der die Seele von allen Seiten umgibt und die Bilder der Realität vor ihr verhüllt; so sieht sie nichts außer den Geistern ihrer Neigung und hört nichts außer dem Echo ihrer Schreie, das aus der Tiefe des Tales dringt.«

Ein Jüngling mit seiner Gitarre kam als nächster vorüber und sprach: »Die Liebe ist ein magischer Lichtstrahl, der aus den Tiefen des Gefühls hervorbricht und sein ganzes Umfeld erhellt; auf diese Weise erlebt man die Welt als einen Reigen, der durch grüne Wiesen zieht, und das Leben als einen schönen Traum, den man zwischen zwei Phasen der Schlaflosigkeit träumt.«

Ein Greis mit gebeugtem Rücken schleppte sich vorbei, indem er seine Füße wie zwei Lumpen über die Erde schleifte, und er sagte zitternd: »Die Liebe ist die Ruhe des Körpers in der Stille des Grabes und der Friede der Seele in den Tiefen der Ewigkeit.«

Als nächster kam ein fünfjähriger Junge vorbei. Er rief lachend: »Die Liebe, das ist mein Vater und das ist meine Mutter; nur mein Vater und meine Mutter kennen die Liebe.«

Die Menschen, die im Laufe des Tages am Tempel vorübergingen, stellten sich selber dar, indem sie über die Liebe sprachen. Sie enthüllten ihre eigenen Wünsche und Begehren, während sie über das Geheimnis des Lebens nachdachten.

Und als der Tag zur Neige ging und sich niemand mehr auf der Straße zeigte, hörte ich eine Stimme aus dem Innern des Tempels dringen:

»Das Leben besteht aus zwei Hälften:
einer gefrorenen und einer entflammten;
die Liebe ist die entflammte Hälfte.«

Da trat ich in den Tempel, kniete nieder und flehte:

»Herr, mache mich zur Nahrung dieser Flamme!
Mache aus mir eine Speise für das heilige Feuer!
Amen!«

Die Stürme

Die Meerjungfrauen

In den Tiefen des Meeres, das die Inseln umgibt, die in der Nähe des Sonnenaufgangs liegen, dort in den Tiefen, wo es viele Perlen gibt, lag die Leiche eines Jünglings. Die Meerjungfrauen mit ihren goldenen Haaren hatten sich um sie versammelt. Sie saßen zwischen den Korallenpflanzen und betrachteten mit ihren schönen blauen Augen den leblosen Jüngling, während sie sich mit ihren wohlklingenden Stimmen unterhielten. Die Tiefen des Meeres vernahmen diese Unterhaltung, und die Wellen brachten sie an die Küste, von wo aus eine leichte Brise sie an mein Ohr trug:

Eine der Meerjungfrauen sagte:

»Das ist ein Mensch, der gestern ertrank, als das Meer wütete.«

Die Zweite sagte:

»Nicht das Meer wütete, sondern der Mensch. Diese Menschen, die vorgeben, von den Göttern abzustammen, führten untereinander Krieg. Sie vergossen ihr Blut, bis die Farbe des Meeres purpurrot war. Und dieser Jüngling hier ist ein Opfer des Krieges.«

Die Dritte sprach:

»Ich weiß nicht, was das bedeutet, Krieg! Ich weiß nur, dass die Menschen, nachdem sie sich das Festland untertan gemacht hatten, auch nach der Herrschaft über das Meer trachteten. Sie erfanden ungewöhnliche Fahrzeuge, mit denen sie die Meere durchquerten. Neptun sah das, und er wurde zornig über die Verletzung seiner Hoheit. Da wusste der Mensch keinen anderen Ausweg, als unseren König zu besänftigen durch Opfer und Geschenke. Dieser Leichnam, den wir vor uns sehen, ist das letzte Menschenopfer an den großen Neptun.«

Die Vierte sagte:
»Wie mächtig ist Neptun, und wie grausam ist sein Herz! Wenn ich über die Meere herrschen würde, nähme ich keine Menschenopfer an. Kommt, lasst uns die Leiche dieses Jünglings näher betrachten! Vielleicht lehrt sie uns etwas über die Rasse der Menschen.«
Die Meerjungfrauen näherten sich dem leblosen Jüngling, untersuchten die Taschen seiner Kleidung und entdeckten in einer Tasche in der Nähe seines Herzens einen Brief. Eine von ihnen nahm ihn und las:
»Mein Geliebter, Mitternacht ist vorbei, und ich finde immer noch keinen Schlaf. Meine einzige Gesellschaft sind meine Tränen, und mein einziger Trost ist die Hoffnung auf deine Rückkehr zu mir aus den Krallen des Krieges. Ich denke immer an die Worte, die du mir beim Abschied gesagt hast, dass jedem Menschen ein Guthaben an Tränen anvertraut wurde, das er eines Tages zurückerstatten muss. Ich weiß nicht, was ich dir schreiben soll, Geliebter. Meine Seele wird sich auf dieses Blatt verströmen, meine Seele, die der Trennungsschmerz quält, die aber getröstet wird von der Liebe, die Leid in Freude verwandelt und Kummer in Glück. Als die Liebe unsere Herzen verband und wir darauf warteten, unsere Körper zu vereinigen, damit in ihnen ein Geist wohne, da rief dich der Krieg, und du folgtest dem Ruf aus Pflichtgefühl gegenüber deinem Vaterland.
Doch, was ist das für eine Pflicht, die Liebende trennt, die Frauen zu Witwen macht und Kinder zu Waisen? Und was ist das für ein Vaterland, das wegen eines geringfügigen Anlasses einen Krieg erklärt und sich und andere Länder der Verwüstung preisgibt? Was ist das für eine Pflicht, die dem armen Bauern auferlegt wird, während der Mächtige und Adelige sich ihr entzieht?

Wenn es Pflicht ist, den Frieden zwischen den Völkern aufs Spiel zu setzen, und wenn es patriotisch ist, das Leben der Bewohner zu gefährden, dann zum Teufel mit der Pflicht und mit der Vaterlandsliebe! …
Nein, Geliebter, achte nicht auf meine Worte. Sei tapfer, und verteidige dein Vaterland! Hör nicht auf die Worte einer Frau, die von der Liebe geblendet und vom Trennungsschmerz verwundet wurde … Wenn die Liebe dich mir nicht zurückbringt in diesem Leben, dann bringt sie mich im kommenden Leben zu dir …«
Die Meerjungfrauen legten den Brief an seinen Platz zurück und schwammen schweigend weiter. Als sie sich ein wenig entfernt hatten, sagte eine von ihnen:
»Wahrlich, das Herz des Menschen ist noch grausamer als das Herz Neptuns!«

Eine Träne und ein Lächeln

Gebrochene Flügel

Die Vorgeschichte

Als die Liebe meine Augen zum ersten Mal mit ihren Zauberstrahlen öffnete und meine Seele mit ihren Feuerfingern berührte, war ich achtzehn Jahre alt. Salma Karame war die erste Frau, deren Schönheit meinen Geist weckte. Sie führte mich ins Paradies erhabener Gefühle, wo die Tage wie Träume vergehen und die Nächte wie Hochzeiten.
Salma Karames Schönheit lehrte mich, das Schöne zu verehren. Ihre Zuneigung ließ mich die Geheimnisse der

Liebe ahnen. Sie war es, die mir die ersten Verse sang aus der Dichtung des wahren Lebens.

Welcher Jüngling erinnert sich nicht an seine erste Geliebte, die ihn aus der Sorglosigkeit seiner Jugend aufrüttelte durch ihre Anmut, deren Sanftheit verletzt und deren Zauber verwundet. Wer von uns erinnert sich nicht mit Sehnsucht an diese merkwürdige Stunde, die unser ganzes Wesen erschüttert und verändert hat. Unser Herz wurde weit, empfindsam und offen für die beglückenden Eindrücke, was auch immer sie an Bitterkeit enthalten mögen. Ihretwegen nehmen wir Tränen, unerfüllte Wünsche und Schlaflosigkeit in Kauf. Jedem Jüngling erscheint im Frühling seines Lebens unvermutet eine Salma, die seiner Einsamkeit Poesie verleiht, seine trostlosen, trüben Tage mit trauter Gegenwart erfüllt und seine stummen Nächte mit Melodien.

In jener Zeit taumelte ich unentschlossen zwischen den Eingebungen der Natur und den Eindrücken aus Büchern und Schriften, als die Liebe durch Salmas Lippen zu mir sprach. Damals war mein Leben öde, leer und kalt. Adams Schlaf im Paradies vergleichbar, bis ich Salma sah, die sich wie eine Lichtsäule vor mir aufrichtete. Salma Karame war die Eva dieses Herzens, das voller Geheimnisse und Wunder ist. Sie lehrte mich den Sinn des Lebens begreifen, den sie als Spiegel vor allen Trugbildern aufstellte. Die erste Eva vertrieb Adam aus dem Paradies durch ihren Willen und seine Fügsamkeit; Salma hingegen führte mich ins Eden der reinen Liebe durch ihre Sanftmut und meine Bereitschaft. Doch was dem ersten Menschen geschah, blieb auch mir nicht erspart, und das feurige Schwert, das Adam aus dem Paradies vertrieb, gleicht dem Schwert, dessen blitzende Scheide mir Furcht einflößte. Es vertrieb mich widerstrebend aus dem Paradies, noch bevor ich ein

Gebot übertrat und die Frucht des Guten und Bösen kostete.
Heute, nach all den dunklen Jahren, die die Spuren der Vergangenheit verwischt haben, bleiben mir von diesem schönen Traum nichts als schmerzliche Erinnerungen, die wie unsichtbare Flügel um meinen Kopf kreisen; sie lösen Seufzer und Klagen meiner Seele aus und füllen meine Augen mit Tränen der Verzweiflung und des Kummers. Salma, meine schöne, liebliche Salma ist hinter der blauen Abenddämmrung verschwunden und von ihr zeugen nur noch ein Marmorgrab im Schatten hoher Zypressen und ein gebrochenes Herz. Jenes Grab und dieses Herz sind alles, was bleibt, um an Salma Karame zu erinnern. Die Stille, welche die Gräber umgibt, verrät das wohlgehütete Geheimnis nicht, das die Gottheit in die Finsternis des Sarges verbannte, und das Blätterrauschen der Bäume, die sich von ihrem Körper nähren, gibt die Geheimnisse der Gräber nicht preis, dies gequälte Herz aber wird sie enthüllen, und mit den Tropfen schwerer Tinte wird es die Tragödie, deren Helden die Liebe, die Schönheit und der Tod sind, an den Tag bringen …
Freunde und Begleiter meiner Jugend, im Namen eurer Geliebten beschwöre ich euch: Legt der Frau, die ich von Herzen liebte, einen Kranz aus Blumen aufs Grab! Vielleicht wird eine dieser Blumen, mit denen ihr das vergessene Grab schmückt, wie ein Tautropfen sein, der aus den Lidern der Morgenröte auf die Blätter einer verwelkten Rose tropft.

Die Aufopferung

An einem der letzten Tage des Monats Juni, als unerträgliche Hitze an der Küste herrschte und die Menschen die höher gelegenen Gebirgsorte aufsuchten, begab ich mich, wie gewöhnlich, zu dem antiken Tempel, um Salma dort zu treffen; ich hatte ein kleines Buch mit andalusischen Gedichten bei mir, die mich damals wie heute überaus beeindruckten und faszinierten.

Ich erreichte den Tempel bei Tagesanbruch und setzte mich an den Weg, der inmitten von Weiden, Orangen- und Zitronenbäumen liegt; von Zeit zu Zeit las ich in meinem Buch und rezitierte die Verse jener Gedichte vor mich hin, die mein Herz bezauberten durch die Eleganz ihrer Form, den Klang ihres Metrums und die Schönheit ihres Reimes; sie beschworen den Ruhm der andalusischen Könige, Dichter und Ritter herauf, die von Granada, Córdoba und Sevilla Abschied nahmen, ihre berühmten Schlösser, Gärten und Heiligtümer zurückließen und damit alles, was sie an Hoffnungen und Wünschen hegten; mit Tränen in den Augen und Kummer im Herzen verschwanden sie hinter dem Schleier der Jahrhunderte.

Nach einer Stunde des Wartens sah ich durch das Laub der Bäume hindurch Salma sich dem Tempel nähern. Sie stützte sich auf ihren Sonnenschirm, und es schien, als würde sie alle Sorgen und Mühen der Welt auf ihren Schultern tragen. Als sie den Eingang des Tempels erreicht hatte und sich neben mich setzte, entdeckte ich in ihren Augen eine Veränderung, die Bedauern in mir weckte und die Neugier, diesem Geheimnis auf den Grund zu kommen.

Salma fühlte, was in mir vorging, und sie wollte die Spanne meines Schwankens zwischen Zweifeln und Vermutungen nicht unnötig verlängern. So legte sie die Hand auf meine Haare und sagte zu mir: »Lass meine Seele sich an der deinen stärken, denn die Stunde unserer Trennung hat geschlagen!«

Ich protestierte: »Was soll das heißen, Salma? Keine Macht der Welt vermag es, uns zu trennen!«
Sie erwiderte: »Die blinde Kraft, die uns gestern getrennt hat, trennt uns heute für immer. Die stumme Macht, die sich menschlicher Gesetze bedient, um uns zu steinigen, hat schon unter Mithilfe der Sklaven des Lebens eine feste Scheidewand zwischen dir und mir errichtet. Die Macht, die Dämon und Teufel erfand, um sie als Vormund über den menschlichen Geist einzusetzen, hat mir bestimmt, jenes Haus nicht mehr zu verlassen, das aus Knochen und Totenschädeln errichtet ist.«
»Hat dein Mann von unseren Treffen etwas erfahren«, wollte ich wissen, »und fürchtest du nun seinen Zorn und seine Rache?«
Sie entgegnete: »Mein Mann kümmert sich nicht um mich; er weiß nicht einmal, wie ich meine Zeit verbringe; er ist vollauf mit jenen unglücklichen jungen Mädchen beschäftigt, welche die Armut geschmückt und geschminkt auf den Sklavenmarkt treibt, um dort ihren Körper zu verkaufen gegen das tägliche Brot, das aus Blut und Tränen geknetet ist.«
»Wenn es so ist«, fragte ich sie, »was hindert dich also daran, in diesen Tempel zu kommen und neben mir zu sitzen vor Gott und den Bildern der Vergangenheit? Bist du es schon leid, meine Seele zu betrachten, da du den Abschied und die Trennung wünschst?«
Mit Tränen in ihren Augen sagte sie: »Wie könnte meine Seele eine Trennung wünschen, da du doch ein Teil von ihr bist; meine Augen werden nie müde werden, dich anzuschauen, denn du bist ihr Licht. Wenn aber das Schicksal entschieden hat, mich auf den steilen Weg des Lebens zu führen, mit Fesseln und Ketten behaftet, wie könnte ich es dann dulden, dass du mein Schicksal teilst!«

»Erzähl mir, was vorgefallen ist, Salma«, bat ich sie, »sag mir alles und verschweig mir nichts! Lass mich nicht in dieser Verwirrung!«
Sie erwiderte: »Ich kann dir nicht alles sagen, denn die Zunge, die der Schmerz zum Verstummen bringt, kann nicht reden, und die Lippen, die von der Verzweiflung versiegelt werden, können sich nicht bewegen. Alles, was ich dir sagen kann, ist, dass ich mir deinetwegen Sorgen mache, dass du dich in dieselben Schlingen verstrickst, die auch für mich ausgeworfen wurden und mit denen man mich eingefangen hat.«
»Was meinst du, Salma«, erkundigte ich mich, »wer sind diejenigen, die du meinetwegen fürchtest?«
Sie bedeckte ihr Gesicht mit der Hand und seufzte, dann sagte sie zögernd: »Der Bischof Boulos Galib hat in Erfahrung gebracht, dass ich einmal im Monat das Grab verlasse, in das er mich begraben hat.«
Ich fragte sie: »Weiß der Bischof denn, dass du dich mit mir an diesem Ort triffst?«
Sie entgegnete: »Wenn er das wüsste, würdest du mich jetzt nicht an deiner Seite sitzen sehen. Aber er hegt Zweifel und stellt Vermutungen an; seit einiger Zeit lässt er mich überwachen; er hat seinen Dienern angeordnet, mir nachzuspionieren, so dass ich sowohl im Haus, das ich bewohne, als auch auf allen Wegen, die ich betrete, stets das Gefühl habe, dass es Blicke gibt, die mir folgen, Finger, die auf mich zeigen, und Ohren, die das Flüstern meiner Gedanken hören.« Sie verstummte eine Weile, dann fuhr sie fort, während Tränen über ihre Wangen flossen: »Nicht meinetwegen fürchte ich mich vor dem Bischof, denn der Ertrinkende hat keine Angst davor, nass zu werden. Wenn ich mich fürchte, so ist es deinetwegen. Du bist jetzt frei wie das Sonnenlicht, und du könntest in die glei-

che Falle gehen wie ich; dann ergreifen sie dich mit ihren Krallen und zerreißen dich mit ihren Zähnen. Ich sorge mich nicht um mein Leben, denn das Schicksal hat bereits alle Pfeile seines Köchers geleert und sie in meine Brust gepflanzt. Aber ich mache mir Sorge um dich. Du befindest dich im Frühling des Lebens, eine Schlange könnte dich in den Fuß beißen und dich davon abhalten, deine Reise zu den Gipfeln der Berge fortzusetzen, wo dich die Zukunft erwartet mit ihren Freuden und Ehren.«

Ich antwortete ihr: »Derjenige, den die Schlangen nicht am Tage bissen und die Wölfe nicht in den Nächten angriffen, gibt sich Illusionen hin über die Tage und Nächte des Lebens. Hör zu, Salma, hör mir gut zu! Gibt es für uns beide keinen anderen Ausweg als die Trennung, um uns vor der Gemeinheit der Menschen zu schützen? Sind uns alle Wege der Liebe, des Lebens und der Freiheit verschlossen? Bleibt uns nichts anderes übrig, als vor dem Willen der Todesknechte zu kapitulieren?«

In einem Ton, der das Ausmaß ihrer Verzweiflung erkennen ließ, sagte sie: »Es bleibt uns nichts anderes übrig als Abschied und Trennung.«

Ich nahm ihre Hand in die meine; mein Geist rebellierte, und der Rauch von der Fackel meiner Jugend löste sich im Äther auf. Und ich sagte erregt: »Schon viel zu lange willfahren wir den Launen der Menschen, Salma! Seit jener Stunde, die uns zusammenführte, bis jetzt beugen wir uns vor dem Willen der anderen wie Blinde, die vor ihren Idolen niederknien. Seitdem ich dich kenne, sind wir Spielbälle in der Hand des Bischofs Boulos Galib, und er wirft uns, wohin er will. Sollen wir uns weiterhin so fügsam und unterwürfig verhalten und uns einkreisen lassen von der Finsternis seiner Seele, bis das Grab uns aufnimmt und die Erde uns einverleibt? Hat Gott uns den Hauch des

Lebens geschenkt, damit wir das Leben vom Tod zertreten lassen? Hat er uns die Freiheit gegeben, damit wir sie zum Schatten der Sklaverei machen?
Wahrlich, wer das Feuer seiner Seele mit der Hand auslöscht, verrät den Himmel, der es entzündet hat. Und wer Unrecht duldet, statt sich dagegen aufzulehnen, ist ein Bundesgenosse der Rechtsverdreher und ein Komplize der Blutvergießer!
Ich liebe dich, Salma, und du liebst mich, und die Liebe ist ein kostbarer Schatz, den Gott großmütigen und empfindsamen Herzen anvertraut hat. Sollen wir diesen Schatz in den Schweinetrog werfen, damit die ihn mit ihren Schnauzen durchwühlen und mit ihren Pfoten zertreten?
Vor uns liegt die Welt, eine weite Bühne voller Schönheiten und Mysterien. Warum leben wir noch in diesem engen Tunnel, den uns der Bischof und seine Gehilfen gegraben haben? Vor uns liegt das Leben und die Freiheit mit dem, was die Freiheit an Glück und Seligkeit birgt. Warum nehmen wir nicht das schwere Joch von unseren Schultern, zerbrechen wir nicht die Fesseln unserer Füße und gehen dahin, wo Ruhe und Frieden herrschen? Steh auf, Salma, verlassen wir diesen kleinen Tempel und betreten wir den gewaltigen Tempel der Welt! Verlassen wir dieses Land, in dem Knechtschaft und Dummheit herrschen, und begeben wir uns in ein weit entferntes Land, wohin weder die Hand des Räubers noch der Atem der Dämonen reicht. Lass uns im Schatten dieser Nacht zur Küste gehen, wir werden dort ein Schiff nehmen, das uns übers Meer bringt, und an neuen Gestaden werden wir ein neues Leben beginnen in Aufrichtigkeit, Reinheit und gegenseitigem Einverständnis. Dort werden uns weder die Schlangen mit ihrem Gift anspeien, noch werden uns wilde Tiere anfallen. Zögere nicht, Salma, diese Minuten sind kostbarer als Königskro-

nen und erhabener als die Paläste der Engel! Komm, steh auf, folgen wir der Lichtsäule, die uns aus dieser dürren Wüste führen wird zu den Feldern, wo Blumen und duftende Kräuter wachsen!«

Sie schüttelte den Kopf und starrte auf einen unsichtbaren Punkt an der Decke des Tempels; auf ihren Lippen erschien ein trauriges Lächeln, das zeigte, wie sehr sie im Innern ihrer Seele litt, dann sagte sie bestimmt: »Nein, nein, Geliebter, der Himmel gab mir diesen Kelch in die Hände, der gefüllt ist mit Essig und Myrrhe; ich habe ihn unvermischt getrunken; es verbleiben nur noch einige Tropfen darin, und ich werde sie austrinken, um zu sehen, was sich im Grund des Kelches verbirgt. Dieses freie, herrliche Leben, von dem du sprichst, ist nicht für mich; ich habe die Kraft nicht mehr, seine Freuden und Genüsse zu ertragen, denn der Vogel mit gebrochenen Flügeln kriecht zwischen den Felsen, statt in den Lüften zu schweben; die entzündeten Augen sehen nur die winzigen Dinge in unmittelbarer Nähe, sie vermögen es nicht mehr, ins strahlende Licht zu schauen. Sprich nicht vom Glück, denn allein seine Erwähnung schmerzt mich so sehr wie das Unglück! Und beschreibe mir nicht die Freuden der Freiheit, denn schon ihren Schatten fürchte ich so sehr wie das Elend!

Doch schau mich an, damit ich dir die heilige Flamme zeige, die der Himmel in der Asche meines Herzens angezündet hat. Du weißt, dass ich dich liebe, wie nur eine Mutter lieben kann. Diese Liebe ist es, die von mir verlangt, dich zu schützen, sogar vor mir selber. Es ist die im Feuer geläuterte Liebe, die mich davon abhält, dir bis ans Ende der Welt zu folgen; sie stellt meine eigenen Gefühle für dich zurück, damit du frei und unbescholten lebst, weit entfernt von der Gemeinheit der Menschen und ihren Verleumdungen.

Die begrenzte Liebe sucht den Besitz des Anderen, doch die grenzenlose Liebe verlangt nichts anderes als zu lieben. Die Liebe, die mit dem Erwachen der Jugend und ihrer Sorglosigkeit anbricht, begnügt sich mit der Begegnung, sie lässt sich durch die Vereinigung der Liebenden zufrieden stellen und entfaltet sich in der Umarmung; die Liebe hingegen, die im Schoß der Unendlichkeit geboren wurde und mit den Geheimnissen der Nacht herabsteigt, begnügt sich mit nichts außer der Unsterblichkeit, und vor nichts Anderem erhebt sie sich ehrfürchtig als vor Gott.
Als ich gestern erfuhr, dass der Bischof Boulos Galib mich daran hindern will, das Haus seines Neffen zu verlassen, und mich der einzigen Freude berauben will, die ich seit meiner Heirat gekannt habe, stand ich am Fenster meines Zimmers und schaute auf das Meer; ich dachte an die zahlreichen Länder, die sich dahinter befinden, an die geistige Freiheit und die persönliche Unabhängigkeit, die sie ihren Bewohnern bieten; ich stellte mir vor, dort mit dir zu leben, den Eingebungen deines Geistes lauschend und umgeben von deiner Liebe. Doch diese Träume, welche die Herzen unterdrückter Frauen entflammen, so dass sie sich gegen überlebte Traditionen auflehnen, die sie im Schatten von Recht und Freiheit leben lassen, waren kaum an meinem inneren Auge vorbeigezogen, als ich merkte, dass sie meine Seele erniedrigten; unsere Liebe erschien mir aus dieser Sicht zerbrechlich und begrenzt, und sie vermochte es nicht, dem Sonnenlicht Stand zu halten.
Ich weinte wie ein König, den man entthront hatte, und wie ein Reicher, der seine Schätze verloren hatte. Es dauerte nicht lange, da erblickte ich durch meine Tränen hindurch dein Gesicht, ich sah deine Augen, die mich anschauten, und ich erinnerte mich an die Worte, mit denen du mich einst getröstet hattest: ›Komm, Salma, lass uns

Schulter an Schulter stehen wie ein Heer vor dem Feind! Lass uns seinen Speerspitzen mit unserer Brust begegnen, nicht mit unseren Rücken! Wenn wir getroffen werden, werden wir wie Märtyrer sterben, und wenn wir siegen, wie Helden leben! Es ist edler, standhaft auszuhalten in den Schwierigkeiten und Beschwerden des Lebens, als sich zurückzuziehen in Sicherheit und Geborgenheit!‹ Das sagtest du mir, als die Flügel des Todes über dem Lager meines Vater schwebten, und gestern musste ich mich daran erinnern, als die Fittiche der Verzweiflung über meinem Kopf schwebten; sie stärkten und ermutigten mich, und ich fühlte in meinem dunklen Gefängnis eine Art Freiheit der Seele, die meine Bedrängnis erleichterte und meine Trauer verringerte. Ich begriff, dass unsere Liebe so tief ist wie das Meer, so hoch wie die Sterne und so weit wie das Universum.

Heute komme ich zu dir, und in meiner erschöpften, verletzten Seele lebt eine neue Kraft; es ist die Fähigkeit zur Aufopferung einer schönen Wirklichkeit um einer noch schöneren willen. Ich opfere das Glück auf, in deiner Nähe zu leben, damit dein Ansehen und deine Ehre ungeschmälert bleiben in den Augen der Menschen und damit du unantastbar bist für ihre Verleumdungen und ihren Verrat.

Wenn ich früher zu diesem Ort kam, schleppte ich schwere Ketten an meinen Fesseln mit; heute aber fühle ich eine Entschlossenheit in mir, die der Ketten und Fesseln spottet und meinen Weg kurz erscheinen lässt.

Früher kam ich wie ein Phantom hierher, heute aber als Frau, die sich der Pflicht der Aufopferung bewusst ist, die den Wert der Leiden kennt und denjenigen, den sie liebt, vor den Verleumdungen der Menschen und vor ihrer eigenen hungrigen Seele zu retten sucht.

Früher saß ich neben dir wie ein Schatten meiner selbst, heute aber kam ich, um dir mein wahres Wesen zu offenbaren vor der Göttin Astarte und dem gekreuzigten Jesus. Ich bin wie ein Baum, der im Schatten aufwuchs und der nun seine Zweige und Äste ausbreitet, damit sie sich im Licht der Sonne bewegen. Ich kam, um mich von dir zu verabschieden, Geliebter, und unser Abschied soll unserer Liebe würdig sein. Möge er wie Feuer sein, der das Gold schmilzt, damit es umso mehr glänzt.«
Salma ließ mir keine Gelegenheit zu sprechen oder zu widersprechen. Sie sah mich mit glühenden Augen an, deren Strahlen ihrem Gesicht Würde und Majestät verliehen und mich erwärmten. Sie erschien mir wie eine Königin, die Schweigen und Gehorsam gebietet.
Plötzlich warf sie sich an meine Brust mit einer Leidenschaft, die ich bisher nicht an ihr gekannt hatte, sie schlang ihre Arme zärtlich um meinen Hals und bedeckte meine Lippen mit leidenschaftlichen Küssen, die das Leben in allen Fasern meines Herzens weckten und nie geahnte Empfindungen in meiner Seele auslösten. Die gleiche Situation, die mich antrieb, gegen die gesamte Welt zu rebellieren, bewirkte auch, dass ich mich schweigend dem göttlichen Gesetz unterwarf, das Salmas Herz zum Tempel machte und ihre Seele zum Altar.

Als die Sonne unterging und mit ihren letzten Strahlen jene Gärten und Felder vergoldete, erhob sich Salma, warf einen langen Blick auf die Wände und in die Winkel des Tempels, als ob sie das Licht ihrer Augen darin verströmen wollte. Dann näherte sie sich dem Bild Jesu, kniete ehrfürchtig nieder, und während sie die durchbohrten Füße des Gekreuzigten immer wieder küsste, sagte sie: »Heute habe ich dein Kreuz gewählt, Jesus von Nazareth, und auf die Freuden und Wonnen Astartes verzichtet; statt des Lorbeerkranzes wählte ich deine Dornenkrone, und ich wusch mich in Blut und Tränen statt in wohlriechenden Salben und duftenden Ölen. Ich trank Essig und Galle aus einem Kelch, der für Wein und Nektar bestimmt war. Nimm mich in die Schar deiner Jünger auf, die stark sind in ihrer Schwäche, führe mich auf den Gipfel von Golgatha, zusammen mit deinen Erwählten, die für ihre Leiden belohnt werden und über den Kummer ihrer Herzen frohlocken.«

Dann stand sie auf und sagte zu mir: »Nun gehe ich fröhlich zurück in meine finstere Höhle mit ihren Furcht erregenden Geistern. Bemitleide mich nicht, Geliebter, und sei nicht besorgt um mich, denn die Seele, die den Schatten Gottes geschaut hat, fürchtet sich nicht vor Dämonen, und derjenige, der das göttliche Licht nur einen Augenblick gesehen hat, verschließt sein Auge nicht mehr vor dem Leid dieser Welt.«

Sie verließ den Tempel und ließ mich darin ratlos, verwirrt und nachdenklich zurück. Ich sah in einer Vision Gott auf seinem Thron sitzen, während die Engel um ihn herum die Taten der Menschen aufschrieben, die Geister die Tragödie des Lebens rezitierten und die Musen Lieder der Liebe, der Trauer und Unsterblichkeit sangen. Als ich aus dieser Entrückung erwachte, hatte die Nacht die Welt mit ihren dunklen Wellen überschwemmt. …

Wie oft dachte ich seit jener Nacht bis zu dieser Stunde über die Geheimnisse der Seele nach, die es bewirkten, dass Salma den Tod dem Leben vorzog. Wie oft verglich ich die Größe ihres Opfers mit der der Auflehnung, um festzustellen, welche der beiden Verhaltensformen edler und besser ist. Aber ich kam bisher zu keinem Ergebnis, es sei denn zu der Erkenntnis, dass Aufrichtigkeit alle Handlungen gut und edel macht. Und Salma Karame war die Aufrichtigkeit in Person und die Verkörperung gelebter Überzeugung.

Gebrochene Flügel

Verstecktes Gift

Am Morgen eines jener vergoldeten Herbsttage, die den Nordlibanon in all seiner Schönheit erscheinen lassen, versammelten sich die Bewohner des Dorfes Tula vor der Kirche, die inmitten ihrer Häuser steht, und unterhielten sich über die plötzliche Abreise von Fares ar-Rahal an einen fernen Ort, den nur Allah kennt. Er ließ seine junge Frau zurück, die er erst vor sechs Monaten geheiratet hatte.

Fares ar-Rahal war der Dorfälteste. Er hatte diese Stellung von seinem Vater und Großvater geerbt. Und obwohl er erst siebenundzwanzig Jahre alt war, hatte er es verstanden, den Dorbewohnern Respekt und Vertrauen einzuflößen. Als er im letzten Frühling Susanne Barakat geheiratet hatte, sagten die Leute: »Welch ein glücklicher junger Mann! Er ist noch keine dreißig Jahre alt und hat schon alles erreicht, was man auf dieser Erde erstreben kann.«

Doch an diesem Morgen, als die Bewohner von Tula kurz nach dem Erwachen erfahren hatten, dass Scheich Fares sein Vermögen gesammelt habe, auf seine Stute gestiegen sei und das Dorf verlassen habe, ohne sich weder von Verwandten noch von Freunden zu verabschieden, da begannen sie zu zweifeln und fragten sich nach den geheimen Gründen, die ihn dazu veranlasst hatten, seine junge Frau, sein reiches Anwesen, seine Felder und Weinberge Hals über Kopf zu verlassen.

Das Leben im Nordlibanon zeichnet sich durch einen ausgeprägten Gemeinschaftssinn aus. Die Menschen hier teilen ihre Freuden und Leiden, wozu sie eine angeborene Aufgeschlossenheit treibt. Bei allem, was sich in einem der Dörfer ereignet, fühlen sich alle Bewohner betroffen, und sie beschäftigen sich so lange mit dem Ereignis, bis ein neuer Vorfall sie davon ablenkt.

So geschah es, dass die Bewohner Tulas ihre alltäglichen Arbeiten stehen und liegen ließen und sich vor der Kirche des heiligen Tula versammelten, um über die plötzliche Abreise von Fares ar-Rahal ihre Meinungen auszutauschen und Neuigkeiten in Erfahrung zu bringen.

Während sie dort versammelt waren, näherte sich ihnen der Priester des Dorfes, Abuna* Stephanus, mit gesenktem Kopf und finsterer Miene. Die Menschen scharten sich um ihn und bestürmten ihn mit Fragen. Er schwieg eine Weile, dann rieb er sich die Hände und sagte:

»Fragt mich nicht, meine Kinder, alles, was ich weiß, ist Folgendes: Vor Tagesanbruch klopfte Fares ar-Rahal an meine Haustür. Als ich öffnete, sah ich ihn den Zaum seiner Stute halten; sein Gesicht war verschlossen. Ich fragte erstaunt, was er wolle. Er erwiderte: ›Ich bin gekommen, um mich von dir zu verabschieden, Abuna, denn ich reise übers Meer und werde zu meinen Lebzeiten nicht mehr in dieses Land zurückkehren.‹ Dann übergab er mir einen versiegelten Brief, der an seinen Freund Najib Malik adressiert war, und bat mich, ihm diesen Brief eigenhändig zu übergeben. Danach bestieg er seine Stute und ritt eilig fort, bevor ich ihn um Aufklärung bitten

* Anrede für einen Priester

konnte. Das ist alles, was ich weiß. Stellt mir keine weiteren Fragen!«

Einer der Versammelten sagte: »Ohne Zweifel stehen in diesem Brief die Gründe für seinen plötzlichen Aufbruch, denn Najib Malik war einer seiner besten Freunde im Dorf.«

Ein anderer fragte: »Habt ihr seine junge Frau gesehen, Abuna?«

Der Priester antwortete: »Ich suchte sie nach dem Morgengebet auf; sie saß neben dem Fenster und starrte in die Ferne, als ob sie ohne Bewusstsein wäre. Als ich sie fragte, schüttelte sie nur den Kopf und sagte: ›Ich weiß nicht, ich weiß nicht!‹ Dann begann sie zu weinen wie ein Kind.«

Kaum hatte der Priester seine Rede beendet, da wurden die Menschen um ihn herum in Schrecken versetzt durch einen Schuss, der aus östlicher Richtung kam. Unmittelbar darauf hörte man einen herzzerreißenden Schrei einer Frau. Die Dorfbewohner verharrten einen Augenblick sprachlos, dann liefen sie in die Richtung, aus der der Schuss gekommen war.

Als sie den Garten erreicht hatten, der das Haus von Fares ar-Rahal umgab, bot sich ihnen ein Bild des Schreckens, welches das Blut in ihren Adern und die Gedanken in ihren Köpfen zum Stocken brachte. Sie sahen Najib Malik auf der Erde verbluten. Neben ihm stand Susanne, die Frau von Fares; sie zerriss sich die Kleider, raufte ihre Haare und schrie entsetzt: »Er hat sich erschossen!« Die Menschen verharrten wie versteinert, als hätten die unsichtbaren Hände des Schicksals sie erfasst.

Als der Priester sich dem Toten näherte, sah er in seiner rechten Hand den Brief, den er ihm am Morgen überbracht hatte; der Tote hielt ihn so fest, als sei er ein Teil seiner Hand geworden. Der Priester nahm ihn und steck-

te ihn in seine Tasche, ohne dass jemand etwas davon bemerkt hätte. Dann entfernte er sich eilig.
Die Menschen brachten den Toten in das Haus seiner armen Mutter; kaum hatte diese die Leiche ihres einzigen Sohnes gesehen, da verlor sie ihren Verstand.
Einige Frauen kümmerten sich um die junge Frau von Fares ar-Rahal, die zwischen Leben und Tod schwebte, und brachten sie in ihr Haus.

Als der Priester Stephanus sein Haus erreicht hatte, verschloss er sich in seinem Zimmer, setzte sich seine Brille auf, nahm den Brief, den er in der Hand des Toten gefunden hatte, und begann mit zitternder Stimme zu lesen:

Mein Bruder Najib,
ich verlasse dieses Dorf, denn meine Existenz an diesem Ort bringt dir, meiner Frau und mir selbst nur Unglück. Ich weiß, dass du eine edle Seele hast, die über jeden Verdacht des Treuebruchs an einem Freund und Nachbarn erhaben ist. Ich weiß auch, dass meine Frau Susanne unschuldig ist. Doch ich bin mir auch bewusst, dass die Liebe, welche eure Herzen verbindet, jenseits eures Willens liegt, und du kannst sie nicht unterdrücken, ebenso wie du das Wasser des Qadischa*-Flusses nicht aufhalten kannst.
Du warst von Kindheit an mein Freund, Najib, seitdem wir auf den Feldern und auf dem Kirchplatz zusammen spielten. Du bleibst mein Freund, und ich bitte dich, in Zukunft ebenso an mich zu denken, wie du es früher tatest. Und wenn du morgen oder übermorgen Susanne triffst, so sag ihr, dass ich sie liebe und an sie denke. Sag ihr, dass ich immer voller Mitgefühl war, wenn ich nachts aufwachte und sie vor dem Kreuz knien sah, während sie

* Fluss im Nordlibanon

weinte und sich an die Brust schlug. Nichts ist schwieriger als das Leben einer Frau, die zwischen einem Mann steht, der sie liebt, und einem anderen, den sie liebt. Die arme Susanne befand sich in einem dauernden Zwiespalt: einerseits wollte sie ihre eheliche Pflicht erfüllen, andererseits war sie unfähig, ihre Gefühle zu ersticken.
Aus diesem Grund reise ich an einen fernen Ort, von dem ich nicht mehr zurückkehren werde. Ich möchte kein Hindernis sein auf dem Weg zu eurem Glück.
Schließlich bitte ich dich, mein Bruder, Susanne die Treue zu bewahren, denn sie hat viel für dich ertragen. Sie verdient das Beste, was ein Mann einer Frau zu geben vermag. Bleib so edel und großherzig, wie ich dich gekannt habe, Najib! Und möge Allah dich deinem Bruder erhalten.

Fares ar-Rahal

Als der Priester die Lektüre des Briefes beendet hatte, faltete er ihn und steckte ihn wieder in seine Tasche. Dann setzte er sich ans Fenster und schaute ins weite Tal, während sein Gesicht immer nachdenklicher wurde. Nach einer Weile erhob er sich plötzlich, als ob er in den Falten seiner Gedanken ein vom äußeren Schein verhülltes, furchtbares Geheimnis entdeckt hätte. Er rief laut:
»Wie schlau du bist, Fares ar-Rahal! Du wusstest, wie du den Sohn von Malik töten kannst und dennoch unschuldig bist an seinem Tod. Du hast ihm ein verstecktes, in Honig vermischtes Gift geschickt! Ein in Seide eingehülltes Schwert hast du ihm gesandt! Mit diesem Brief hast du ihn zum Tode verurteilt. Als er seine Waffe auf sich richtete, führte deine Hand die seine, und dein Wille orientierte seinen Willen. Wie schlau du doch bist, Fares ar-Rahal!«
Der Priester Stephanus setzte sich wieder hin, schüttelte seinen Kopf, durchfurchte seinen Bart mit seinen Fingern,

und auf seinem Gesicht erschien ein Lächeln, das schrecklicher war als die Tragödie selber. Dann nahm er ein Buch aus seinem Bücherschrank und las einige Gesänge von Ephrem dem Syrer, wobei er von Zeit zu Zeit die Augen hob und auf die Klagen der Frauen hörte, die aus dem Herzen des Dorfes kamen.

Die Stürme

Das Leben der Liebe

Der Frühling

Komm, meine Geliebte, lass uns über den Morgentau laufen! Der Schnee schmilzt schon, das Leben erwacht auf seinem Ruhelager und schwingt sich in die Täler. Komm, folgen wir dem Frühling in die weiten Felder! Steigen wir auf die Gipfel und betrachten die blühenden Täler!
Der Frühlingsmorgen hat sein prächtiges Gewand entfaltet, während die Nacht des Winters das Ihre ablegte. Er warf es den Pfirsich- und Apfelbäumen über, und nun sehen sie aus wie Bräute in ihrer Hochzeitsnacht. Die Weinreben sprießen, ihre Äste und Zweige umarmen sich wie Verliebte. Die Bäche tanzen im Felsgestein und stimmen in den Freudengesang ein. Aus dem Herzen der Natur quellen Blüten und Blumen hervor wie aus dem Meer die Gischt.
Komm, lass uns die Tränen des Himmels aus den Kelchen der Narzissen trinken, lauschen wir den Liedern der Vögel und atmen die Düfte ein, die jede Brise austeilt.

Komm, setzen wir uns zu den Veilchen an diesem Felsen, und schenken wir uns den Kuss der Liebe!

Der Sommer

Komm auf die Felder, meine Geliebte, denn die Tage der Ernte nahen! Die Saat reift, und die Sonne schenkt ihr die Vollendung durch die Strahlen ihrer Liebe. Lass uns aufbrechen, ehe uns die Vögel zuvorkommen und die Früchte unserer Mühen ernten oder bevor ein Heer von Ameisen sich unseren Platz aneignet.

Komm, pflücken wir die Früchte der Erde, so wie unsere Seelen die Früchte des Glückes ernten, das aus der Saat der Treue sprießt, welche die Liebe in unser Herz säte. Füllen wir unsere Speicher mit den Erträgen der Natur, so wie das Leben die Speicher unserer Erinnerung füllt. Komm, meine Begleiterin, legen wir uns ins Gras, und decken wir uns mit dem Himmel zu. Lass uns ein Bündel weichen Heus als Kopfkissen nehmen. So ruhen wir aus von den Mühen des Tages und lauschen dem nächtlichen Flüstern des Baches im Tale.

Der Herbst

Komm in die Weinberge, meine Geliebte! Lass uns die Reben pressen und ihren Saft in Tonkrüge füllen, so wie die Seele die Weisheit von Generationen in ihren Tiefen hortet. Pressen wir die Blüten, und erhalten wir dem Auge ein Zeichen, das die Wirklichkeit durch ein Symbol ersetzt. Kehren wir nun heim, denn die Blätter sind gelb geworden! Der Wind hat sie zerstreut, und sie legten sich wie ein Leichentuch auf die Blumen, die sich vor Kummer verzehrten, als der Sommer von ihnen Abschied nahm.

Komm, die Vögel sind schon zur Küste aufgebrochen, und mit ihnen verließ die Geselligkeit Gärten und Wiesen. Einsam blieb der Jasmin zurück, der seine Tränen auf die Erde vergießt.
Lass uns heimkehren, denn auch die Bäche brachen ihre Reise ab, die Freudentränen der Quellen versiegten, und die Hügel legten ihre herrlichen Gewänder ab. Komm Geliebte, die Natur will schlafen und verabschiedet sich mit einem Wiegenlied.

Der Winter

Rück näher zu mir, Gefährtin meines Lebens, rück näher! Der eisige Hauch des Schnees soll unsere Körper nicht trennen. Setzen wir uns an den Ofen, denn das Feuer ist die köstliche Frucht des Winters. Erzähl mir, was die Jahrhunderte uns aufzeichneten, denn meine Ohren sind müde vom Seufzen des Sturmes und vom Klagen der Elemente. Schließ die Türen und Fenster, denn das grimmige Gesicht des Himmels betrübt mich ebenso wie der Anblick der Stadt, die unter den Schichten des Schnees einer trauernden Witwe gleicht. Freuen wir uns an der Öllampe, die sich langsam verzehrt. Lass sie neben dir, damit ich lesen kann, was die Nächte in dein Gesicht geschrieben haben … Bring uns den Weinkrug! Trinken wir daraus und erinnern wir uns an die Tage der Weinernte. Rück näher, meine Geliebte, denn das Feuer erlischt, und bald bedeckt es die Asche. Drück mich fester an dich. Das Licht der Öllampe ist schon verloschen, und Dunkelheit herrscht … Der Wein macht unsere Augenlider schwer. Sieh mich an mit deinen Augen, die der Schlaf mit Kohel schminkte. Umarme mich, bevor der Schlaf mich überfällt. Küss mich, denn alles hat der Schnee erstickt, außer deinem

Kuss. Wie tief ist das Meer des Schlafes, meine Geliebte, und wie weit entfernt ist der Morgen in dieser Welt!

Eine Träne und ein Lächeln

Von der Liebe

Da sagte Almitra: Sprich uns von der Liebe.

Und er hob den Kopf und sah auf die Menschen, und es kam eine Stille über sie. Und mit lauter Stimme sagte er: Wenn die Liebe dir winkt, folge ihr, sind ihre Wege auch schwer und steil. Und wenn ihre Flügel dich umhüllen, gib dich ihr hin, auch wenn das unterm Gefieder versteckte Schwert dich verwunden kann.

Und wenn sie zu dir spricht, glaube an sie, auch wenn ihre Stimme deine Träume zerschmettern kann, wie der Nordwind den Garten verwüstet.

Denn so, wie die Liebe dich krönt, kreuzigt sie dich.

So wie sie dich wachsen lässt, beschneidet sie dich.

So wie sie emporsteigt zu deinen Höhen und die zartesten Zweige liebkost, die in der Sonne zittern, steigt sie hinab zu deinen Wurzeln und erschüttert sie in ihrer Erdgebundenheit.

Wie Korngarben sammelt sie dich um sich.

Sie drischt dich, um dich nackt zu machen.

Sie siebt dich, um dich von deiner Spreu zu befreien.

Sie mahlt dich, bis du weiß bist.

Sie knetet dich, bis du geschmeidig bist;

und dann weiht sie dich ihrem Heiligen Feuer, damit du Heiliges Brot wirst für Gottes Heiliges Mahl.

All dies wird die Liebe mit dir machen, damit du die Geheimnisse deines Herzens kennenlernst und in diesem Wissen ein Teil vom Herzen des Lebens wirst.

Aber wenn du in deiner Angst nur die Ruhe und die Lust der Liebe suchst, dann ist es besser für dich, deine Nacktheit zu bedecken und vom Dreschboden der Liebe zu gehen in die Welt ohne Jahreszeiten, wo du lachen wirst, aber nicht dein ganzes Lachen, und weinen, aber nicht all deine Tränen.

Liebe gibt nichts als sich selbst und nimmt nichts als von sich selbst. Liebe besitzt nicht, noch lässt sie sich besitzen;

Denn die Liebe genügt der Liebe.

Wenn du liebst, solltest du nicht sagen: »Gott ist in meinem Herzen«, sondern: »Ich bin in Gottes Herzen.«

Und glaube nicht, du kannst den Lauf der Liebe lenken, denn die Liebe, wenn sie dich für würdig hält, lenkt deinen Lauf.

Liebe hat keinen anderen Wunsch, als sich zu erfüllen.

Aber wenn du liebst und Wünsche haben musst, sollst du dir dies wünschen:

Zu schmelzen und wie ein plätschernder Bach zu sein, der seine Melodie der Nacht singt.

Den Schmerz allzu vieler Zärtlichkeit zu kennen.

Vom eigenen Verstehen der Liebe verwundet zu sein; und willig und freudig zu bluten.

Bei der Morgenröte mit beflügeltem Herzen zu erwachen und für einen weiteren Tag des Liebens dankzusagen.

Zur Mittagszeit zu ruhen und über die Verzückung der Liebe nachzusinnen.

Am Abend mit Dankbarkeit heimzukehren; und dann einzuschlafen mit einem Gebet für den Geliebten im Herzen und einem Lobgesang auf den Lippen.

Der Prophet

Ich werde sein
bis zum Ende der Zeiten,
denn ich bin ohne Ende

Lied des Menschen

Seit Anbeginn war ich,
und ich bin.
Ich werde sein
bis zum Ende der Zeiten,
denn ich bin ohne Ende.

Ich schwebte im Raum der Unendlichkeit
und in den Welten der Phantasie;
ich näherte mich dem Lichtkreis.
Doch nun bin ich ein Gefangener der Materie.

Ich lauschte den Lehren des Konfuzius
und der Weisheit des Brahma.
Ich setzte mich neben Buddha
unter den Baum der Erkenntnis.
Doch nun ringe ich mit Unwissen und Unglauben.

Ich war auf dem Sinai,
als der Herr dem Moses erschien;
am Jordanufer war ich Zeuge
der Wunder des Nazaräers,
und in Medina hörte ich die Worte
des Propheten der Araber.
Doch siehe, nun bin ich ein Opfer des Zweifels.

Ich erlebte Babylons Macht,
Ägyptens Ruhm
und die Größe Griechenlands.

Und nun erblicke ich weit und breit
die Schwäche und Niedrigkeit
aller menschlichen Taten.

Ich setzte mich zusammen
mit den Magiern von Endor,
mit den Priestern Assyriens
und den Propheten Palästinas,
und ich höre nicht auf,
die Wahrheit zu suchen.

Ich befolgte die Weisheit Indiens,
lernte die Poesie auswendig,
die aus den Herzen der Araber stammt,
und ich lauschte der Musik
der Völker des Westens.

Doch nun bin ich blind
und kann nicht mehr sehen,
bin taub und vermag nicht mehr
zu hören.

Ich ertrug die Grausamkeit
unersättlicher Eroberer,
litt unter der Ungerechtigkeit
und Willkür der Mächtigen
und ertrug die Knechtschaft
der Tyrannen.
Nun bin ich stark genug,
um mit den Tagen zu kämpfen.

All dies hörte und sah ich,
als ich noch Kind war.
Ich sehe und höre nun
die Werke der Jugend.
Dann werde ich alt
und vollkommen werden,
und ich werde zu Gott zurückkehren.

Seit Anbeginn war ich,
und ich bin.
Ich werde sein
bis zum Ende der Zeiten,
denn ich bin ohne Ende.

Eine Träne und ein Lächeln

Königin der Phantasie

Als ich die Ruinen von Palmyra erreichte, war ich von der langen Reise so erschöpft, dass ich mich ins Gras legte, das zwischen den Säulen und Pfeilern wuchs. Die Zeit hatte sie entwurzelt und zu Boden geworfen, als ob ein Krieg hier gewütet hätte. Ich betrachtete ehrfürchtig die Pracht, wenngleich sie zerstört war und zu der blühenden Umgebung im Widerspruch stand.
Als die Nacht angebrochen war und die Kreaturen sich unter dem Mantel des Schweigens versammelt hatten, merkte ich, dass die Luft von etwas erfüllt war, das nach Weihrauch duftete und wie Wein berauschte. Ich trank davon und spürte verborgene Hände mit meinen Sinnen

spielen; meine Augenlider wurden schwer, und mein Geist befreite sich von seinen Fesseln.
Dann dehnte sich die Erde, und das Firmament zitterte. Von magischer Macht getrieben, sprang ich vorwärts und fand mich in einem Garten wieder, den sich kein menschliches Wesen vorstellen kann. Ich war umgeben von Jungfrauen, die mit nichts anderem bekleidet waren als mit ihrer Schönheit. Während sie an meiner Seite schritten, war es, als ob ihre Füße das Gras nicht berührten. Die Melodien, die sie sangen, waren gewebt aus Träumen von der Liebe; dabei spielten sie auf ihren Gitarren aus Ebenholz mit goldenen Saiten. Als ich zu einer Lichtung gelangte, stand in der Mitte ein Thron, der mit kostbaren Steinen besetzt war. Von oben fiel ein Licht in den Farben des Regenbogens auf ihn herab. Zu beiden Seiten des Thrones standen Jungfrauen und sangen lauter als zuvor. Alle blickten in eine Richtung, der ein Duft von Myrrhe und Weihrauch entströmte. In diesem Augenblick erschien aus den blühenden Zweigen eine Königin, die langsam auf den Thron zuschritt und darauf Platz nahm. Eine Schar von Tauben – weiß wie der Schnee – flogen vom Himmel herab und bildeten einen Halbmond zu Füßen der Königin.
Währenddessen priesen die Jungfrauen sie in ihren Liedern, und der Weihrauch stieg ihr zu Ehren in Säulen auf. Ich stand da und schaute gespannt auf das, was kein Menschenauge gesehen und kein menschliches Ohr gehört hat. Da gab die Königin mit ihrer Hand ein Zeichen, und jede Bewegung erstarrte. Und mit einer Stimme, die meine Seele erzittern ließ – wie die Saiten einer Laute unter der Hand ihres Spielers –, sagte sie:
»Ich, die Herrin der Phantasie, habe dich, o Mensch, an diesen Platz gerufen. Ich erweise dir die Gunst, vor der

Königin über den Wäldern der Träume zu stehen. Hör meine Empfehlungen, und verkünde sie aller Welt:

Sag ihnen, dass die Stadt der Phantasie eine Hochzeit ist; ihre Tore werden von einem Riesen bewacht, der niemanden einlässt, der kein Hochzeitsgewand trägt.

Sie ist ein Paradies, dessen Wächter der Engel der Liebe ist; niemand kann sie betreten, der nicht auf seiner Stirn das Zeichen der Liebe trägt. Sie ist ein Feld blühender Vorstellungen, und ihre Flüsse sind wie guter Wein; ihre Vögel schweben gleich Engeln, und ihre Blumen duften betörend.

Nur die Kinder der Träume gelangen auf dieses Feld.

Sag den Menschen, dass ich ihnen einen Kelch der Freude angeboten habe, doch sie gossen ihn in ihrer Unwissenheit aus. Dann kam der Engel der Finsternis und füllte ihn mit Kummer. Sie tranken ihn unvermischt und waren betrunken.

Sag ihnen, dass niemand die Gitarre des Lebens spielen kann als derjenige, dessen Fingerspitzen meinen Gürtel berührten und dessen Augen meinen Thron sahen.

Isaias verfasste Verse der Weisheit – gleich Perlen auf dem Halsband der Liebsten. Johannes berichtete von seiner Vision in meiner Sprache. Dante betrat die fruchtbaren Weiden des Geistes unter meiner Führung. Ich bin ein Symbol, das die Wirklichkeit berührt, eine Wahrheit, welche die Einheit des Geistes sichtbar macht und ein Zeuge der Werke der Götter.

Sag den Menschen, dass das Denken eine Heimat hat in einer Welt jenseits der sichtbaren Welt, deren Himmel nicht verhüllt ist von den Wolken der Freude. Sag ihnen, dass die Visionen im Himmel der Götter Form annehmen und sich in der Seele widerspiegeln, damit sie ihre Hoffnung auf das lenken, was nach der Befreiung vom Leben in dieser Welt weiterleben wird.«

Und nachdem die Königin der Phantasie mich an sich gezogen und meine brennenden Lippen geküsst hatte, sprach sie:
»Sag allen, dass derjenige, der die Tage seines Lebens nicht auf der Bühne der Träume verbringt, ein Sklave der Zeit sein wird.«
In diesem Augenblick wurden die Stimmen der Jungfrauen wieder lauter; Weihrauchsäulen stiegen auf und verhüllten alles. Dann dehnte sich die Erde, und das Firmament zitterte, und ich fand mich wieder inmitten der Ruinen von Palmyra. Das Morgenrot lächelte, und auf meiner Zunge waren die Worte:
»Wer die Tage seines Lebens nicht auf der Bühne der Träume verbringt, wird ein Sklave der Zeit sein.«

Eine Träne und ein Lächeln

Die Schlafwandler

In meiner Heimatstadt lebte eine Frau mit ihrer Tochter. Beide wandelten im Schlaf.
Eines Nachts, als alle Welt schwieg, trafen sich Mutter und Tochter schlafwandelnd in ihrem nebelverhangenen Garten.
Und die Mutter sprach und sagte:
»Endlich habe ich dich, Feindin! Du warst es, die meine Jugend zerstörte, und auf den Ruinen meines Lebens bist du groß geworden. Ich möchte dich töten!«
Und die Tochter erwiderte und sagte: »Verhasstes Weib, selbstsüchtige Alte. Immer noch stehst du meiner Freiheit

im Weg. Mein Leben soll wohl immer nur ein Echo deines Lebens sein. Ach, wärest du doch tot!«
In diesem Augenblick krähte der Hahn, und beide Frauen erwachten. Voller Sanftmut fragte die Mutter: »Bist du es, mein Herz?«, und die Tochter antwortete sanftmütig: »Ja, liebe Mutter.«

Der Narr

Der Verbrecher

An einer Straßenkreuzung saß ein Jüngling und bettelte. Sein kräftiger Körper war vom Hunger geschwächt. Er streckte seine Hände nach den Passanten aus und bat sie um Almosen, während er seine Armut und seinen Hunger beklagte.
Die Nacht brach herein. Seine Lippen waren trocken, seine Zunge schwer, und Hände und Magen waren leer. Da erhob er sich und verließ die Stadt. Am Stadtrand setzte er sich unter einen Baum und weinte bitterlich. Schließlich blickte er mit feuchten Augen zum Himmel und sagte: »O Herr, ich ging zu den Reichen und bat um Arbeit. Sie wiesen mich ab wegen meiner abgetragenen Kleidung. Ich klopfte an die Tür einer Schule. Dort verweigerte man mir den Eintritt wegen meiner leeren Hände. Ich suchte eine Stelle, um mein tägliches Brot zu verdienen, doch niemand stellte mich ein aufgrund meines schlechten Sterns. So begann ich, um Almosen zu betteln … Deine Anhänger sahen mich und sagten: Der ist stark und kräftig und kann arbeiten; wir wollen keine Faulheit unterstützen!

Du, o Herr, wolltest, dass meine Mutter mich zur Welt bringt. Dir verdanke ich mein Leben. Warum verweigern die Menschen mir das Brot, um das ich sie in deinem Namen bitte?«
In diesem Augenblick veränderte sich der Gesichtsausdruck des verzweifelten Jünglings. Er richtete sich auf, und seine Augen glänzten wie Sternschnuppen. Aus einem Zweig des Baumes, unter dem er stand, verfertigte er sich einen dicken Stock, zeigte damit auf die Stadt und rief:
»Ich bat um Brot im Namen der Liebe, aber niemand hörte mich. Jetzt werde ich es im Namen der Gewalt versuchen …«
Die Zeit verging, und dieser Jüngling beugte die Nacken, um seinen Willen zu bekommen, und er unterdrückte die Menschen, um seine Begierden zu befriedigen. Sein Reichtum wuchs, und seine Brutalität war allgemein bekannt … Er war beliebt bei Räubern und gefürchtet bei den Gesetzestreuen.
Eines Tages machte der Emir ihn zum Statthalter gemäß dem Vorgehen aller Prinzen, die ihresgleichen in wichtige Ämter wählen.
So machen die Menschen durch ihre Gleichgültigkeit aus Armen Verbrecher und infolge ihrer Herzenshärte aus friedfertigen Menschen Mörder.

Eine Träne und ein Lächeln

Der Heilige

In meiner Jugend besuchte ich einmal einen Heiligen in seinem stillen Hain hinter den Hügeln. Als wir uns gerade über das Wesen der Tugend unterhielten, sahen wir einen Räuber, der schwerfällig und erschöpft die Anhöhe hinaufstieg.

Als der Räuber den Hain endlich erreicht hatte, kniete er vor dem Heiligen nieder und sagte:
»O heiliger Mann, ich suche Trost bei dir, denn meine Sünden bedrücken mich sehr!«
Der Heilige antwortete: »Auch meine Sünden bedrücken mich!«
Der Räuber sprach: »Aber ich bin ein Dieb und Plünderer.«
Der Heilige entgegnete ihm: »Auch ich bin ein Dieb und Plünderer.«
Der Räuber fuhr fort: »Ich bin sogar ein Mörder, und das vergossene Blut vieler Menschen schreit in meinen Ohren.«
Der Heilige antwortete: »Auch ich bin ein Mörder, und auch in meinen Ohren schreit das Blut vieler Menschen.«
Der Räuber sprach: »Ich habe zahllose Verbrechen begangen.«
»Auch ich beging Verbrechen ohne Zahl«, erwiderte der Heilige.
Da stand der Räuber von seinen Knien auf und starrte den Heiligen fassungslos und mit einem sonderbaren Blick an. Nachdem er uns verlassen hatte, hüpfte er leichtfüßig den Hügel hinunter.

Ich fragte den Heiligen: »Warum hast du dich all der Verbrechen bezichtigt, die du nie begangen hast? Hast du

nicht bemerkt, dass dieser Mann nicht mehr an dich glaubte, als er dich verließ?«
Der Heilige entgegnete mir: »Es stimmt, dass er nicht mehr an mich glaubte, als er mich verließ. Aber er ging getröstet hinweg.«
In diesem Augenblick hörten wir den Räuber von weitem singen, und das Echo seines Liedes erfüllte das Tal mit Freude.

Der Vorbote

Als meine Sorge zur Welt kam

Als meine Sorge zur Welt kam, hegte und pflegte ich sie mit zärtlicher Liebe.
Wie alles Lebende wuchs sie, wurde stark und schön und war voll wunderbarer Freuden.
Wir liebten einander, meine Sorge und ich, und liebten die Welt rings um uns. Denn meine Sorge war freundlich, und ich war freundlich zu ihr.
Wenn wir miteinander sprachen, meine Sorge und ich, vergingen die Tage im Flug, und wundervolle Träume schmückten unsere Nächte. Denn meine Sorge hatte eine beredte Zunge, und ich redete viel mit ihr.
Wenn wir miteinander sangen, meine Sorge und ich, saßen die Nachbarn an den Fenstern, denn unsere Lieder waren tief wie das Meer, und unsere Melodien riefen ferne Erinnerungen zurück.
Wenn wir miteinander auf der Straße gingen, meine Sorge und ich, blickten die Leute uns wohlwollend nach und flüsterten die schönsten Sachen.

Wir hatten aber auch Neider, denn meine Sorge war ein nobles Ding, und ich war stolz auf sie. Aber wie alles Lebende starb meine Sorge, und nun bin ich mit meinen Gedanken allein.
Jetzt tönen meine Worte plump in meinen Ohren. Keine Nachbarn kommen, um meine Lieder zu hören. Niemand blickt mir nach, wenn ich über die Straße gehe. Nur im Schlaf höre ich mitleidige Stimmen sagen: »Seht, hier liegt der Mann, dessen Sorge gestorben ist.«

Der Narr

Und als meine Freude zur Welt kam

Und als meine Freude zur Welt kam, hielt ich sie in meinen Armen, stieg auf das Hausdach und rief: »Kommt, Nachbarn, kommt und seht, die Freude wurde mir heute geboren. Kommt und seht das frohe Ding, wie es in der Sonne lacht!«
Aber keiner der Nachbarn kam, um meine Freude anzusehen. Das überraschte mich sehr.
Sieben Monate lang rief ich jeden Tag meine Freude auf dem Hausdach aus – aber niemand beachtete mich. So blieben meine Freude und ich allein, ungesucht und unbesucht.
Weil sie kein anderes Herz entflammen konnte, und weil nur meine Lippen die ihren küssten, wurde meine Freude blass und krank.
Und dann starb meine Freude an der Einsamkeit. Jetzt erinnere ich mich meiner toten Freude nur, wenn ich mich

meiner toten Sorge erinnere. Aber Erinnerung ist wie ein Blatt im Herbst, das eine Weile im Wind raschelt und dann nicht mehr zu hören ist.

Der Narr

Vom Guten und Bösen

Und einer der Ältesten der Stadt sagte:
Sprich uns vom Guten und Bösen.
Und er antwortete:
Vom Guten in euch kann ich sprechen, aber nicht vom Bösen.
Denn was ist das Böse anderes als das Gute, von seinem eigenen Hunger und Durst gequält?
Wahrhaftig, wenn das Gute hungrig ist, sucht es Nahrung sogar in dunklen Höhlen; und wenn es durstig ist, trinkt es sogar aus toten Gewässern.
Ihr seid gut, wenn ihr eins mit euch seid.
Doch wenn ihr nicht eins mit euch seid, seid ihr dennoch nicht böse.
Denn ein uneiniges Haus ist keine Räuberhöhle; es ist nur ein entzweites Haus.
Und ein Schiff ohne Ruder kann ziellos zwischen gefährlichen Inseln treiben und doch nicht auf den Grund sinken.
Ihr seid gut, wenn ihr danach strebt, von euch selber zu geben.
Doch ihr seid nicht böse, wenn ihr danach trachtet, etwas für euch selber zu gewinnen.

Denn wenn ihr nach Gewinn trachtet, seid ihr nichts als eine Wurzel, die sich an die Erde klammert und an ihrer Brust saugt.

Sicher kann die Frucht nicht zur Wurzel sagen: »Sei wie ich, reif und voll, und gib immer von deiner Fülle.«

Denn für die Frucht ist das Geben eine Notwendigkeit, so wie Empfangen eine Notwendigkeit für die Wurzel ist.

Ihr seid gut, wenn ihr hellwach seid in eurer Rede.

Doch ihr seid nicht böse, wenn ihr schlaft, während eure Zunge ziellos stammelt.

Und selbst holpriges Reden kann eine schwache Zunge kräftigen.

Ihr seid gut, wenn ihr fest und mit kühnen Schritten auf euer Ziel zugeht.

Doch ihr seid nicht böse, wenn ihr hinkend darauf zugeht.

Selbst die Hinkenden gehen nicht rückwärts.

Aber ihr, die ihr stark und schnell seid, seht zu, dass ihr nicht vor den Lahmen hinkt und es für Freundlichkeit haltet.

Ihr seid auf zahllose Weisen gut, und ihr seid nicht böse, wenn ihr nicht gut seid.

Ihr seid nur säumig und faul.

Schade, dass die Hirsche den Schildkröten nicht Schnelligkeit beibringen können.

In eurer Sehnsucht nach eurem höchsten Ich liegt eure Güte: Und diese Sehnsucht ist in allen von euch. Aber in einigen von euch ist diese Sehnsucht ein Wildwasser, das mit Macht zum Meer rast und die Geheimnisse der Hügel und die Lieder des Waldes mit sich trägt.

Und in anderen ist sie ein flacher Bach, der sich in Windungen und Biegungen verliert und sich aufhält, ehe er die Küste erreicht.

Aber wer viel ersehnt, sage nicht zu dem, der wenig ersehnt: »Warum bist du so langsam und zaghaft?«

Denn der wahrhaft Gute fragt nicht den Nackten: »Wo ist dein Gewand?« und auch nicht den Obdachlosen: »Was ist mit deinem Haus geschehen?«

Der Prophet

Der Kapitalist

Auf meinen Streifzügen kam ich einmal auf eine Insel, auf der ein Monstrum lebte, das einen menschlichen Kopf und eiserne Hufe hatte. Ununterbrochen sah ich es von der Erde essen und vom Meer trinken. Nachdem ich es eine ganze Weile beobachtet hatte, näherte ich mich ihm und sagte:

»Bekommst du denn nie genug davon? Wird dein Hunger nie gesättigt und dein Durst nie gestillt werden?« Das Monstrum antwortete: »Doch, ich bin gesättigt; ich bin sogar des Essens und Trinkens überdrüssig! Aber ich habe Angst, dass es morgen keine Erde mehr geben wird, von der ich essen kann, und kein Meer, von dem ich trinken kann.«

Der Vorbote

Lied der Blume

Ich bin ein Wort,
das die Natur ausspricht;
dann nimmt sie es zurück,
verbirgt es in den Falten
ihres Herzens
und wiederholt es.
Ich bin ein Stern,
der aus blauem Himmel
auf einen grünen Teppich fällt.

Ich bin die Tochter der Elemente:
der Winter trug mich
in seinem Schoß,
der Frühling brachte mich
zur Welt,
der Sommer zog mich auf,
und der Herbst
sang mich in den Schlaf.

Ich bin ein Geschenk
an die Geliebte,
eine Brautkrone,
ich bin die letzte Gabe
eines Lebenden an einen Toten.

Am Morgen künden der Sephir und ich
die Ankunft des Lichtes an,
und am Abend sagen die Vögel und ich
ihm Lebewohl.

Ich lasse mich nieder
auf den Wiesen
und schmücke sie.
Ich atme in den Wind
und parfümiere ihn
mit meinem Duft.

Ich umarme den Schlaf,
und die zahllosen Augen der Nacht
blicken mich an.
Ich erwarte den Morgen,
um auf das eine Auge
des Tages zu schauen.

Ich trinke den Tau wie Wein
und lausche dem Lied der Drossel.
Unter dem Applaus des Grases
tanze ich.
Ich blicke stets nach oben,
um nicht meinen Schatten,
sondern das Licht zu sehen.
Und dies ist eine Weisheit,
die der Mensch
noch nicht gelernt hat.

Eine Träne und ein Lächeln

In der Stille der Nacht
kam die Weisheit zu mir

Die Tochter des Löwen

Vier Sklaven standen um einen Thron und fächelten einer alten Königin, die auf dem Thron eingeschlafen war, Kühlung zu. Die Königin schnarchte entsetzlich, während sie schlief. Auf ihrem Schoß lag eine schnurrende Katze, die träge auf die Sklaven blickte.

Da sagte der erste Sklave: »Wie hässlich diese alte Frau doch im Schlaf aussieht! Seht die tiefen Falten um ihren Mund! Und dann ringt sie nach Luft, als ob der Teufel sie würgt.«

Die Katze schnurrte: »Sie sieht im Schlaf nicht halb so hässlich aus wie du wachend in deiner Knechtschaft.«

Der zweite Sklave sprach: »Man sollte annehmen, dass der Schlaf ihre Gesichtsfalten glättet, statt sie zu vertiefen. Sie muss wohl etwas Schreckliches träumen.«

Die Katze schnurrte: »Könntest du doch nur schlafen und von deiner Freiheit träumen!«

Der dritte Sklave sagte: »Vielleicht sieht sie im Traum die Scharen all derer, die sie töten ließ.«

Die Katze schnurrte: »Oder sie sieht die Scharen deiner Vorfahren und deiner Nachfahren.«

Der vierte Sklave sprach: »Es ist ganz schön und gut, über sie zu reden, aber es macht mich nicht weniger überdrüssig, die ganze Zeit hier zu stehen und zu fächeln.«

Die Katze schnurrte: »Du wirst in alle Ewigkeit nicht aufhören zu fächeln, denn wie es auf Erden ist, so wird es auch im Himmel sein.«

In diesem Augenblick nickte die Königin im Schlaf, und ihre Krone fiel zu Boden. Da sagte einer der Sklaven: »Das ist ein schlechtes Omen!«

Die Katze schnurrte: »Was für den einen ein schlechtes Omen ist, ist für den anderen ein gutes.«

Der zweite Sklave sagte: »Wenn sie nun aufwacht und sieht, dass ihre Krone auf dem Boden liegt, wird sie uns sicher töten lassen.«

Die Katze schnurrte: »Merkst du nicht, dass sie dich seit deiner Geburt jeden Tag umbringt?«

Der dritte Sklave sprach: »Ja, sie wird uns töten lassen, und sie wird unseren Tod als ein Opfer für die Götter ausgeben.«

Die Katze schnurrte: »Nur Schwächlinge werden den Göttern zum Opfer dargebracht.«

Der vierte Sklave aber brachte die anderen zum Schweigen, indem er die Krone vorsichtig aufhob und sie auf den Kopf der alten Königin setzte, ohne sie dabei zu wecken.

Die Katze schnurrte: »Nur ein Sklave setzt eine Krone wieder auf, die schon gefallen ist.«

Nach einer Weile erwachte die alte Königin. Sie schaute sich gähnend um und sagte: »Mir scheint, ich habe geträumt; ich sah vier Raupen, die von einem Skorpion verfolgt wurden; der Skorpion hetzte sie um den Stamm einer alten Eiche. Ich mag diesen Traum nicht!«

Dann schloss sie ihre Augen wieder und schlief weiter. Im Schlaf schnarchte sie. Und die vier Sklaven fuhren fort, zu fächeln.

Die Katze schnurrte: »Nur zu, nur zu! Fächelt weiter, ihr Toren! Ihr facht das Feuer an, das euch verbrennen wird.«

Der Vorbote

Die drei Ameisen

Drei Ameisen trafen sich auf der Nase eines Menschen, der in der Sonne lag und schlief. Sie begrüßten einander – jede nach ihres Stammes Sitte –, standen da und redeten miteinander.

Die erste Ameise sagte: »Diese Hügel und Ebenen sind doch die kahlsten, die ich je gesehen habe. Den ganzen Tag suchte ich nach irgendeiner Krume, konnte aber nichts finden.«

Die zweite Ameise sagte: »Ich habe auch nichts gefunden, obwohl ich alle Lichtungen und schattigen Winkel absuchte. Dies ist, glaube ich, was meine Leute ›das weiche, bewegte Land‹ nennen, wo nichts wächst.«

Da erhob die dritte Ameise ihren Kopf und sagte: »Meine Freunde, wir stehen hier auf der Nase der Über-Ameise. Sie ist die mächtige und unendliche Ameise, deren Leib so groß ist, dass wir sie nicht sehen können. Ihr Schatten ist so ungeheuer, dass wir ihn nicht ermessen können, und ihre Stimme so laut, dass wir sie nicht hören können. Sie ist allgegenwärtig.«

Als die dritte Ameise gesprochen hatte, sahen sich die beiden anderen an und lachten. In diesem Augenblick bewegte sich der Mensch im Schlaf, hob seinen Arm, kratzte sich an der Nase und zerdrückte die drei Ameisen.

Der Narr

Besuch der Weisheit

In der Stille der Nacht kam die Weisheit zu mir und blieb an meinem Bett stehen. Sie schaute mich mit dem Blick einer liebenden Mutter an, und indem sie mir die Tränen von den Wangen wischte, sagte sie:
»Ich hörte den Ruf deiner Seele, und ich bin gekommen, um dich zu trösten. Öffne mir dein Herz, und ich werde es mit Licht füllen. Frage mich, und ich zeige dir den Weg der Wahrheit!«
Ich sagte: »Wer bin ich, o Weisheit, und wie bin ich an diesen Furcht erregenden Ort gekommen? Was bedeuten diese großen Hoffnungen, die zahlreichen Bücher und die seltsamen Zeichnungen? Was sollen diese Gedanken, die wie Scharen von Tauben vorbeiziehen? Und diese Worte – mit Lust gedichtet und mit Wonne deklamiert? Welcher Art sind die betrüblichen und erfreulichen Regungen, die meinen Geist befallen und mein Herz umfangen? Was für Augen sind das, die bis in mein Innerstes sehen und sich von meinen Leiden abwenden? Was für Stimmen sind das, die meine Tage beklagen und meine Bedeutungslosigkeit besingen? Was ist diese Jugend, die mit meinen Gefühlen spielt und sich über meine Sehnsucht mokiert – vergessend die Taten von gestern, sich freuend an den Belanglosigkeiten des Heute und die zukünftigen Dinge verachtend –? Was für eine Welt ist das, die mich ins Unbekannte führt und mit mir an unbedeutenden Plätzen Halt macht? Was für eine Erde, die ihren Mund weit öffnet, um die Kadaver hinunterzuschlucken, und ihr Herz den Begierden öffnet, die sich darin ansiedeln? Und was für ein Mensch ist das, der sich mit der Liebe zum Glück begnügt, nicht ahnend, dass sie ihn in den Abgrund führt? Wer trachtet nach dem Kuss des Lebens, wenn der Tod ihn ohrfeigt?

Wer erkauft sich eine Minute Lust für ein Jahr Bedauern? Wer gibt sich dem Schlaf hin, wenn die Träume ihn rufen? Wer läuft mit den Flüssen der Unwissenheit zum Meer der Finsternis? O Weisheit, was für Dinge sind das?«
Und die Weisheit antwortete:
»Du versuchst, o Mensch, die Welt mit den Augen eines Gottes zu sehen und die Geheimnisse der kommenden Welt mit menschlichem Geist zu ergründen. Und das ist der Gipfel der Narrheit!
Geh hinaus in die Natur. Dort findest du die Biene eine Blume umkreisen und den Geier, der sich auf seine Beute stürzt. Tritt ein in das Haus deines Nachbarn. Du wirst dort das Kind finden, das über die Feuerflammen staunt, während seine Mutter mit einer Hausarbeit beschäftigt ist. Sei wie die Biene, und verschwende nicht die Zeit des Frühlings damit, den Geier zu beobachten. Sei wie das Kind. Freu dich über die Flammen des Feuers, und lass deine Mutter sich um die Hausarbeit kümmern. Alles, was du mit deinen Augen siehst, ist für dich und wird für dich sein.
Die vielen Bücher, die seltsamen Zeichnungen und die schönen Gedanken sind die Schatten der Geister, die dir vorausgegangen sind. Die Worte, die du webst, sind Brücken zwischen dir und deinen Brüdern. All die betrüblichen und erfreulichen Regungen sind Samen, welche die Vergangenheit ausgestreut hat in das Feld des menschlichen Geistes, um in die Zukunft einzudringen. Diese Jugend, die mit deinen Gefühlen spielt, ist derjenige, der die Tür deines Herzens öffnen will, um das Licht einzulassen. Die Erde, die ihren Mund öffnet, um die Kadaver zu verschlingen, wird deine Seele aus der Sklaverei deines Körpers befreien. Diese Welt, die mit dir unterwegs ist, ist dein Herz, und ein Herz ist alles, was du für diese Welt

hältst. Und der Mensch, den du als unwissend und gering bezeichnest, ist aus Gott gekommen, um Freude durch Leid zu erlernen und Wissen durch Finsternis.«
Nach diesen Worten legte die Weisheit ihre Hand auf meine brennende Stirn und sagte:
»Geh weiter, und bleib nicht stehen, denn vor dir ist die Vollendung. Geh und fürchte nicht die Dornen auf dem Weg, denn sie greifen nur das unreine Blut an.«

Eine Träne und ein Lächeln

Bruderschaft

Ich liebe dich, mein Bruder, wer immer du auch seiest – ob du in einer Kirche betest, in einem Tempel kniest oder in einer Moschee Gott verehrst. Du und ich, wir sind beide Kinder eines Glaubens. Die mannigfaltigen Pfade der Religion entsprechen den Fingern der einen liebenden Hand des einen höchsten Wesens. Diese Hand streckt sich nach allen aus, bietet allen die Vollendung des Geistes an und ist begierig, alle zu umschließen.

Das Reich der Ideen

Das Almosen

Die Münze, die du in die welke Hand legst,
In die Hand, die sich dir entgegenstreckt,
Ist das Glied einer Goldkette,
Die dein reiches Herz
An das liebende Herz Gottes bindet ...

Das Reich der Ideen

Der Glaube

Gott hat viele Türen gemacht, die sich zur Wahrheit öffnen, und er tut sie allen auf, die mit den Händen des Glaubens daran klopfen.

Das Reich der Ideen

Gott

Seit dem Anbeginn der Zeit hat der Mensch sein eigenes Selbst angebetet. Bis zum heutigen Tag hat er diesem Selbst entsprechende Namen gegeben. Und wenn der Mensch heute das Wort »Gott« gebraucht, so meint er damit genau dasselbe wie eh und je: sein eigenes Ich.

Die meisten religiösen Menschen sprechen von Gott, als sei Er männlichen Geschlechtes. Für mich ist Er sowohl Mutter als auch Vater. Er ist beides, Vater und Mutter in einem. Die Frau ist die Mutter-Gottheit. Die Vater-Gottheit kann man mit dem Verstand oder mit der Vorstellungsgabe erreichen. Aber die Mutter-Gottheit kann nur mit dem Herzen erreicht werden – durch Liebe. Liebe ist der heilige Wein, der aus dem Herzen der Götter strömt und den sie in die Herzen der Menschen gießen. Nur jene kosten ihn klar und göttlich, deren Herzen von aller tierischen Lust gereinigt sind. Mit Liebe trunken zu sein, bedeutet für reine Herzen mit Gott trunken zu sein. Jene hingegen, die den Wein Gottes vermischt mit dem Wein der irdischen Leidenschaften trinken, kosten nur den Geschmack der Orgien der Teufel in der Hölle.

Es wäre klüger, weniger von Gott zu sprechen, den wir nicht begreifen können, und mehr von den Menschen, die wir zu begreifen vermögen. Und doch müssen wir eingedenk sein, dass wir der Atem und der Duft Gottes sind. Wir sind Gott, in Blatt und Blüte und manchmal auch in der Frucht.

Das Reich der Ideen

Der Weg zu Gott

Vielleicht kommen wir Ihm jedesmal ein wenig näher, wenn wir versuchen, ihn zu teilen und herauszufinden, dass er unteilbar ist. Aber ich behaupte, dass die Kunst, das

Ziehen einer Linie zwischen dem Schönen und Hässlichen, der direkte Weg zu Gott ist. Reine Meditation ist ein anderer Weg. Sie führt zum Schweigen und zur Selbstbeschränkung. Schweigen ist wahrhafter und ausdrucksvoller als die Rede. Die Stunde wird kommen, da wir alle schweigen werden. Warum aber sollten wir uns einen Maulkorb umlegen, bevor diese Stunde geschlagen hat? Laotse sagte: Er verfiel in Schweigen, aber erst nachdem er der Welt den Kern seines Glaubens in Worten mitgeteilt hatte.

Das Reich der Ideen

Die Seufzer der Flöte

Die Religion ist für den Menschen ein Feld,
das nur bepflanzt, wer ein Anliegen hat;
sei es der Prediger, der ewige Glückseligkeit erhofft,
oder der Unwissende, der das Höllenfeuer fürchtet.
Gäbe es nicht die Strafen des Letzten Gerichts,
würde niemand einen Herrn anbeten;
und ohne die erhoffte Belohnung
wären die Menschen ungläubig.
Für sie ist Religion eine Art Handel:
widmen sie sich ihr mit Fleiß,
so wollen sie profitieren;
wenden sie sich von ihr aber ab,
so befürchten sie Verluste.

Im Wald gibt es weder Religion
noch Gotteslästerung:

singt die Nachtigall,
so sagt sie nicht:
»Das allein ist wahr!«
Die Religion der Menschen
kommt und geht wie ein Schatten.
Nach Taha und dem Messias*
gibt es keine Religion mehr.

Gib mir die Flöte und singe!
Der Gesang ist das innigste Gebet;
und die Seufzer der Flöte überdauern
das Leben.

Der Reigen

Philosophie der Logik oder Selbsterkenntnis

In einer der regenreichen Nächte, wie sie Beirut im Winter oft kennt, saß Selim Effendi Duaibes vor seinem Schreibtisch, auf dem sich Bücher stapelten und Papiere häuften. Er blätterte in einem Buch, wobei er von Zeit zu Zeit den Kopf hob, während seinen vollen Lippen eine Wolke Zigarrenrauch entströmte. In seinen Händen hielt er einen philosophischen Text über die Selbsterkenntnis, zu dem Sokrates seinen Schüler Platon inspiriert hatte.

Selim Effendi meditierte die Zeilen dieses kostbaren Briefes, und er vergegenwärtigte sich, was Philosophen und Weise zu diesem Thema gesagt hatten, bis dass weder ein flüchtiger Gedanke eines westlichen Denkers noch ein

* Name Gottes im Koran

Kommentar eines orientalischen Meisters übrig blieb, der ihm nicht durch den Kopf gegangen wäre.
Plötzlich erhob er sich, breitete seine Arme aus und sagte laut: »Ja, ja, die Selbsterkenntnis ist die Mutter jeder Erkenntnis! Ich muss mich gründlich kennen, jedes Molekül meiner selbst und alle meine Eigenschaften in allen Schattierungen. Ich muss die Geheimnisse meiner Seele entschleiern und alles Unklare und Zwielichtige aus meiner Seele verbannen. Ich muss mein geistiges Wesen meinem materiellen Sein enthüllen und meine materiellen Gegebenheiten meinem Geist entdecken.«
Während er so sprach, mischte sich Begeisterung in seine Stimme, und in seinen Augen leuchtete eine Flamme, die Flamme der Liebe zur Erkenntnis, das heißt der Selbsterkenntnis. Dann ging er ins Nebenzimmer, in dem sich ein großer Spiegel befand, der vom Fußboden bis zur Decke reichte. Er stellte sich wie eine Statue vor den Spiegel und studierte aufmerksam sein Abbild; er musterte sein Gesicht, seine Kopfform, seine Körpergröße und seine gesamte Erscheinung. Fast eine halbe Stunde verharrte er in dieser Pose. Er stand unbeweglich da, als ob die Ewigkeit ihn dazu befähigt hätte, in die Tiefen seiner Seele zu dringen und sie zu durchleuchten. Dann bewegten sich seine Lippen, und er sagte zu sich:

»Ich bin von kleiner Statur wie Napoleon und Victor Hugo.
Ich habe eine niedrige Stirn wie Sokrates und Spinoza.
Ich bin kahlköpfig wie Shakespeare.
Meine Nase ist groß und gebogen wie die von Savonarola, Voltaire und George Washington.
Meine Augen sind schwach wie die des Apostels Paulus und die von Nietzsche.

Mein Mund ist ausgeprägt, und ich habe eine vorstehende Unterlippe wie Cicero und Ludwig XIV.
Ich habe einen kräftigen Hals wie Hannibal und Mark Antonius.
Ich habe große, abstehende Ohren wie Cervantes.
Ich habe hervortretende Wangenknochen wie Lafayette und Lincoln.
Wie Goldsmith und William Pitt habe ich ein fliehendes Kinn.
Meine Schultern sind unsymmetrisch wie die von Gambetta und Adib Ishaq (nämlich eine ist höher als die andere).
Wie Blake und Danton habe ich kurze Finger und eine fleischige Hand.
Insgesamt ist mein Körper schlank, wie es bei den meisten Denkern der Fall ist, deren geistige Tätigkeit an ihren Körpern zehrt.
Merkwürdig ist, dass ich mich nicht zum Schreiben oder Lesen niedersetzen kann, ohne eine Kanne mit Kaffee neben mir stehen zu haben, und darin gleiche ich Balzac.
Außerdem habe ich eine Sympathie für das gemeine Volk wie Tolstoi und Maxim Gorki.
Manchmal vergehen ein bis zwei Tage, ohne dass ich mir Gesicht und Hände wasche, und darin gleiche ich Beethoven und Walt Whitman.
Wie Boccaccio und Ribali finde ich Gefallen daran, den Erzählungen der Frauen zu lauschen und zu erfahren, was sie in der Abwesenheit ihrer Männer machen.
Und was meine Freude am Wein betrifft, so übertrifft sie noch die von Noah, Abu Nuwas, von Musset und Marlow.
Wie Peter der Große und Emir Bechir asch-Schehabi bin ich ein Liebhaber von gutem Essen und reich gedeckten Tischen.«

Selim Effendi hielt in seinem Selbstgespräch kurz inne. Dann berührte er seine Stirn mit seinen Fingern und fuhr fort:
»Das bin ich! Das ist meine Realität! In mir vereinen sich all die Eigenschaften, welche die größten Männer der Geschichte – von ihren Anfängen bis zur Gegenwart – auszeichneten. Ein solcher Mann, der all diese Gaben und Vorzüge besitzt, wird ohne Zweifel etwas Großes in dieser Welt vollbringen. Der Gipfel der Weisheit ist die Selbsterkenntnis, sagt man. Und ich habe mich heute Abend mit all meinen Fähigkeiten erkannt! Ab heute Abend werde ich mit dem großen Werk beginnen, zu dem ich bestimmt und ausersehen bin aufgrund meiner vielseitigen Talente, denn ich vergegenwärtige die Eigenschaften und Attribute der Größten und Auserwählten der Menschheit, von Noah über Sokrates und Boccaccio bis zu Ahmed Fares Chidiac. Mir ist noch unbekannt, um welches große Werk es sich handeln wird, das ich vollbringen werde, aber ein Mann, der in seiner Person so viele Qualitäten vereint wie ich, ist ein Wunder der Tage und eine Entdeckung der Nächte … Ich habe mein Wesen erkannt, wie Gott mich erkannte. Möge das Universum bestehen bleiben, bis mein Werk vollbracht ist.«

Selim Effendi ging in seinem Zimmer hin und her – mit Zeichen freudiger Erregung auf seinem hässlichen Gesicht. Und mit einer Stimme, die dem Geheul von Katzen und dem Knirschen von Knochen glich, zitierte er den Vers von Abi-l-Ala:

»Selbst wenn ich einer der Letzten bin,
so verwirkliche ich doch etwas,
was die Ersten nicht vermochten.«

Eine Stunde später lag unser Freund in seinem abgetragenen Anzug auf seinem Bett; sein Schnarchen erfüllte das Stadtviertel mit einem Geräusch, das eher dem Lärm eines Mühlsteins glich als der Stimme eines Menschen.

Die Stürme

Wer kann mir für einen Zentner Gold einen schönen Gedanken verkaufen

Aphorismen

Gib mir Gehör, und ich werde dir Stimme geben.

Die Wirklichkeit eines anderen Menschen liegt nicht darin, was er dir offenbart, sondern in dem, was er dir nicht offenbaren kann.
Wenn du ihn daher verstehen willst, höre nicht auf das, was er sagt, sondern vielmehr auf das, was er verschweigt.

Die Hälfte von dem, was ich sage, ist bedeutungslos; aber ich sage es so, dass die andere Hälfte dich erreichen kann.
Es gehören zwei dazu, die Wahrheit zu entdecken; einer, der sie ausspricht, und einer, der sie versteht.

Es ist in der Tat bedauerlich, wenn ich eine leere Hand den Menschen entgegenstrecke und nichts empfange; aber es ist hoffnungslos, wenn ich eine volle Hand ausstrecke und niemanden finde, der nimmt.

Jeder Mann liebt zwei Frauen; die eine ist die Schöpfung seiner Einbildungskraft, und die andere ist noch nicht geboren.

Liebende umarmen das, was zwischen ihnen liegt, eher als einander.

Du magst denjenigen vergessen, mit dem du gelacht, aber nie denjenigen, mit dem du geweint hast.

Der Teufel starb gerade an dem Tag, an dem du geboren wurdest.
Nun musst du nicht mehr durch die Hölle gehen, um einen Engel zu treffen.

Jeden Gedanken, den ich in die Sprache eingekerkert habe, muss ich durch meine Taten befreien.

Solltest du auf einer Wolke sitzen, so würdest du keine Grenzlinie zwischen dem einen und dem anderen Land sehen, auch nicht den Grenzstein zwischen einer Farm und einer anderen.
Es ist schade, dass man auf keiner Wolke sitzen kann.

Vor sieben Jahrhunderten flogen sieben weiße Tauben aus einem tiefen Tal zu dem schneeweißen Gipfel des Berges. Einer der sieben Männer, die den Flug beobachteten, sagte: »Ich sehe einen schwarzen Fleck auf dem Flügel der siebenten Taube.«
Heute erzählen die Menschen in dem Tal von sieben schwarzen Tauben, die zum Gipfel des verschneiten Berges flogen.

Sand und Schaum

Vielmals habe ich den Tod geliebt

Mein Geburtstag

(geschrieben in Paris, am 6. Dezember 1908)

An diesem Tag hat mich meine Mutter geboren.
Heute vor 25 Jahren legte mich die Stille in die Hände dieses Seins, das angefüllt ist mit Geschrei, Kampf und Wettstreit. 25 Male bin ich nun um die Sonne gekreist, und ich weiß nicht, wie oft der Mond mich eingekreist hat. Bis jetzt habe ich weder die Geheimnisse des Lebens entschleiert noch die verborgenen Tiefen der Dunkelheit entdeckt. 25 Male habe ich mit der Erde, dem Mond und den Planeten das allumfassende Gesetz umkreist. Und sieh, wie mein Geist die Worte dieses Gesetzes murmelt, wie Muscheln, die die Musik der Wellen des Meeres wiedergeben. Mein Sein ist in seinem Sein geborgen, ohne sein Wesen zu kennen, und es singt das Lied seiner Ebbe und Flut, ohne ihn zu begreifen.
Vor 25 Jahren schrieb mich die Hand der Zeit als ein Wort in das Buch dieser fremden, erschreckenden Welt. Sieh mich an, ein mehrdeutiges Wort von unbestimmter Bedeutung, bald nichts bedeutend, bald vieles andeutend.
Wie immer an diesem Tag des Jahres verdrängen Gedanken, Überlegungen und Erinnerungen einander in meiner Seele. Sie ziehen an mir vorbei wie Prozessionen aus vergangenen Tagen und rufen mir längst vergessene Bilder meiner Nächte ins Gedächtnis zurück. Dann zerstreuen sie sich, wie Winde die wandernden Wolken in der Dämmerung vertreiben. Sie schwinden dahin und lösen sich auf in den Winkeln meines Raumes wie die Lieder der Flüsse in entlegenen unbewohnten Tälern.
Alljährlich erscheinen an diesem Tag die Geister derjenigen, die meinen Geist geprägt haben, und sie eilen zu mir von allen Enden dieser Erde und umgeben mich mit

Melodien traurig stimmender Erinnerungen. Dann ziehen sie sich leichtfüßig zurück hinter sichtbare Dinge wie Scharen von Vögeln, die auf eine verlassene Tenne herabfliegen, und wenn sie dort kein Korn finden können, eine Weile umherflattern, bevor sie zu einem anderen Platz fliegen.

An diesem Tag sehe ich die Bedeutung meines vergangenen Lebens vor mir wie einen kleinen Spiegel, in den ich lange hineinschaue und in dem ich nichts sehen kann als die verblassten Gesichter der Jahre – Gesichtern von Toten gleich – und die darin eingeprägten Züge von Hoffnungen, Träumen und Leidenschaften wie in den runzeligen Gesichtern alter Menschen.

Dann schließe ich meine Augen und schaue ein zweites Mal in den Spiegel, und ich sehe nur mein Gesicht. Während ich es betrachte, entdecke ich darin eine Traurigkeit. Ich befrage diese Traurigkeit, doch sie bleibt stumm und gibt mir keine Auskunft. Könnte sie aber sprechen, so würde sie sagen, dass sie süßer ist als die Freude.

Vieles habe ich in diesen 25 Jahren geliebt. Und vieles, was ich geliebt habe, ist den Menschen hassenswert; und vieles, was ich gehasst habe, ist für sie bewundernswert. Was ich als Junge liebte, liebe ich noch immer; und was ich jetzt liebe, werde ich bis zum Ende meiner Tage lieben. Denn die Liebe ist das Höchste, das ich erreichen kann, und niemand kann mich dieses Schatzes berauben. Vielmals habe ich den Tod geliebt; ich habe ihn mit wohlklingenden Namen gerufen und ihn insgeheim und vor anderen besungen. Auch das Leben habe ich geliebt, denn Tod und Leben sind für mich gleich in ihrer Schönheit und ähnlich in ihren Wonnen. Sie haben gleichen Anteil an meinem Sehnen und Verlangen, und ihnen beiden gehört meine Liebe und Zuneigung.

Ich habe die Freiheit geliebt, und meine Liebe wuchs in dem Maße, wie mein Wissen über die Verstricktheit der Menschen in Lüge und Betrug zunahm. Meine Liebe zu ihr wurde umso größer, je mehr mir ihre Unterwerfung unter Idole bewusst wurde, die von dunklen Zeiten geschaffen, von der Torheit erhöht und durch die Berührung anbetender Lippen poliert wurden.
Aber auch diese Anbeter von Idolen habe ich mit meiner grenzenlosen Liebe geliebt. Ja, ich hatte Mitleid mit ihnen, denn sie sind blind: sie küssen die blutigen Lippen einer Bestie, ohne zu sehen, sie saugen das Gift der Schlangen ein, ohne es zu fühlen, und sie graben ihre eigenen Gräber mit ihren Fingernägeln, ohne es zu wissen.
Die Freiheit habe ich mehr als alles andere geliebt. Sie erschien mir wie ein Mädchen, das am Alleinsein erkrankt ist und von der Einsamkeit geschwächt wurde, bis von ihr nichts mehr übrig blieb als ein Schatten, der an den Häusern vorbeischleicht; manchmal spricht sie die Vorübergehenden an, die sie weder hören noch beachten.
Wie alle Menschen habe ich in meinen 25 Jahren das Glück geliebt. Kaum erwachte ich am Morgen, so suchte ich es, wie es alle tun. Doch ich konnte es auf ihren Wegen nicht finden, ja ich sah nicht einmal seine Fußspuren auf dem Sand vor ihren Häusern, noch hörte ich das Echo seiner Stimme aus ihren Tempeln dringen.
Aber als ich das Glück in der Einsamkeit suchte, flüsterte meine Seele in mein Ohr: »Glück ist ein Kind, das in den Tiefen des Herzens geboren wird, es kommt nicht von außerhalb!«
Und als ich mein Herz öffnete, um das Glück zu finden, sah ich darin seinen Spiegel, sein Lager und seine Gewänder. Das Glück selber konnte ich nicht finden.

Ich habe alle Menschen geliebt, sogar sehr habe ich sie geliebt. Meiner Ansicht nach kann man sie in drei Gruppen einteilen: Die einen verwünschen das Leben, die anderen segnen es, und wieder andere beobachten es. Die ersten liebte ich wegen ihrer Hoffnungslosigkeit, die anderen wegen ihrer Großmut und die dritten ihres Verständnisses wegen.

So vergingen 25 Jahre, und meine Tage und Nächte eilten vorüber, einander auf den Fersen folgend. Und die Tage fielen von meinem Leben ab wie die Blätter eines Baumes im Herbstwind.

Und heute, heute stehe ich – mich erinnernd – wie ein müder Wanderer in der Mitte des ansteigenden Weges; ich schaue mich um und sehe in meinem Leben nichts, worauf ich im Angesicht der Sonne mit meinem Finger zeigen und behaupten könnte: »Dies gehört mir!« Und ich finde in den Jahreszeiten meines Lebens statt der Früchte des Herbstes nur Blätter, gefärbt mit Tintentropfen und seltsamen, verstreuten Zeichnungen aus Linien und Farben, bald gegensätzlich, bald harmonisch aufeinander abgestimmt. In diese zerstreuten Blätter und Zeichnungen habe ich meine Gefühle, Gedanken und Träume begraben, wie der Bauer die Samen der Erde anvertraut.

Aber der Sämann, der auf die Felder geht und die Saat ausstreut, kehrt abends hoffnungsvoll in sein Haus zurück und erwartet die Ernte im Herbst. Ich aber habe die Saat meines Herzens ausgesät, ohne etwas zu erhoffen oder zu erwarten.

Und jetzt, wo ich bis zu diesem Abschnitt meines Lebens gelangt bin und die Vergangenheit hinter einem Dunst von Seufzern und Klagen sehe und die Zukunft durch den Schleier der Vergangenheit, jetzt stehe ich hier und blicke von meinem Fenster aus auf das Leben. Ich betrachte die

Gesichter der Menschen, deren Stimmen zu mir heraufdringen. Ich höre ihre Schritte zwischen den Häusern und fühle die Berührung ihres Geistes, die Wellen ihres Verlangens und das Klopfen ihrer Herzen ...
Dann wandern meine Blicke auf das, was hinter dieser Stadt liegt, und ich sehe das unbewohnte Land in seiner erhabenen Schönheit mit seinen schweigenden Stimmen, den leicht ansteigenden Hügeln und den weiten Feldern, den aufrecht stehenden Bäumen und dem sich wiegenden Gras mit den duftenden Blumen, den rauschenden Flüssen und den singenden Vögeln.
Ich blicke auf das, was hinter dem unbewohnten Land liegt, und ich sehe das Meer, die Wunder seiner Tiefen und die geheimen Schätze, die es in sich birgt, seine trotzig schäumenden Wellen, seine Gischt, das Steigen und Fallen der Wellen; all das sehe ich.
Meine Blicke wandern bis zu dem, was hinter dem Meer liegt, und ich sehe das grenzenlose Firmament mit den zahlreichen im Weltraum kreisenden Welten, die leuchtenden Sterne, die Sonnen und Monde, die Planeten und Fixsterne und alle entgegenstreitenden und sich versöhnenden Mächte von Anziehung und Abstoßung, geschaffen und getragen von dem zeit- und grenzenlosen Willen, sich dem universellen Gesetz unterwerfend, dessen Anfang ohne Anfang und dessen Ende ohne Ende ist.
Und während ich durch mein Fenster schaue und über diese Dinge nachdenke, vergesse ich die 25 Jahre und die Jahrhunderte, die ihnen vorausgingen, sowie die Jahrhunderte, die ihnen folgen werden. Und mein Sein mit allem, was darin offenbar und verborgen ist, erscheint vor mir wie der Seufzer eines Kindes, der in der Leere der urewigen Tiefen des end- und grenzenlosen Weltraums erzittert. Doch ich empfinde das innere Wesen dieses Stäubchens,

dieses Selbst, das ich »Ich« nenne, ich spüre seine Bewegung und höre sein Seufzen. Und nun hebt es seine Flügel, streckt seine Hände in alle Richtungen aus und schwebt zitternd an diesem Tag, der es ins Leben rief. Und mit einer Stimme, die aus seinem Allerinnersten kommt, ruft es:

Sei gegrüßt, du Leben! Sei gegrüßt, du Erwachen! Sei gegrüßt, du Vision!

Dich grüße ich, o Tag, dessen Licht die Dunkelheit der Erde besiegte, und dich grüße ich, o Nacht, deren Dunkelheit das Licht des Firmaments offenbart!

Friede sei dir, o Frühling, der die Jugend der Erde erneuert, dir, o Sommer, der die Macht der Sonne verkündet; Friede dir, o Herbst, der die Früchte der Mühe schenkt und die Anstrengung belohnt, und dir, o Winter, der mit seinen Gewittern und Stürmen die Kraft der Natur veranschaulicht!

Friede den Jahren, die enthüllen, was andere Jahre verborgen haben! Friede den Jahrhunderten, die den Schaden von Jahrhunderten wiedergutmachen!

Sei gegrüßt, o Zeit, die du uns der Vollendung entgegenbringst, und du, o Geist, der du der Herrscher über das Leben bist, verborgen hinter dem Schleier der Sonne! Frieden und Gruß dir, o Herz, denn du denkst mit Tränen in den Augen an den Frieden, und euch Lippen, die ihr vom Frieden sprecht, obgleich ihr Bitterkeit kostet!

Eine Träne und ein Lächeln

Ein Blick in die Zukunft

Von jenseits der Mauer der Gegenwart hörte ich die Lobpreisungen der Menschheit.
Ich hörte die Glocken mit gewaltiger Stimme den Beginn des Gebetes im Tempel der Schönheit verkünden, Glocken, die aus dem kräftigen Metall der Gefühle gegossen und über dem Schrein des menschlichen Herzens errichtet waren.
Hinter der Mauer der Zukunft sah ich eine Menschenmenge an der Brust der Natur, der aufgehenden Sonne zugewandt, die Fülle des Morgenlichts erwarten – des Morgens der Wahrheit.
Ich sah die zerstörte Stadt, von der nichts übrig geblieben war als Ruinen, die von der Flucht der Dunkelheit vor der Ankunft des Lichtes berichten.
Ich sah die Alten im Schatten von Pappeln und Weiden sitzen, während die Kinder um sie herumstanden und ihren Geschichten lauschten.
Ich sah junge Männer auf Gitarren und Flöten spielen; junge Mädchen umtanzten sie mit gelösten Haaren unter Jasminzweigen.
Ich sah Männer das Getreide ernten; während die Frauen die Garben trugen, sangen sie Lieder, die ihre Freude und ihr Glück ihnen eingaben.
Und eine Frau sah ich, die ihre abgetragenen Kleider durch eine Krone aus Lilien und einen Gürtel aus frischen grünen Blättern ersetzte.
Es bestand eine Harmonie zwischen dem Menschen und allen Kreaturen: Scharen von Vögeln und Schmetterlingen näherten sich ihm vertrauensvoll, und eine Gruppe von Gazellen umstand ihn unbekümmert am Teich.
Ich konnte weder Mangel noch Überfluss entdecken; wo

ich auch hinsah, bemerkte ich Brüderlichkeit und Gleichheit.
Weder sah ich einen Arzt – denn jeder war sein eigener Arzt aufgrund seiner Erkenntnisse und Erfahrungen –, noch sah ich einen Priester, denn das Gewissen war einem jeden sein Hohepriester. Auch Rechtsanwälte gab es nicht, denn anstelle des Tribunals schloss die Natur die Verträge.
Und der Mensch war sich bewusst, Eckstein der Schöpfung zu sein; alles Niedrige und Engstirnige lag ihm fern. Er hatte von seiner Seele den Schleier der Verwirrung entfernt und war imstande zu lesen, was die Wolken auf das Gesicht des Himmels schreiben und der Wind auf die Oberfläche des Meeres; er verstand das Seufzen der Blumen und das Lied der Drosseln und der Nachtigallen.

Von jenseits der Mauer der Gegenwart sah ich auf der Bühne der zukünftigen Welt die Schönheit und den Geist als Braut und Bräutigam und das ganze Leben als »Nacht des Schicksals«*.

Eine Träne und ein Lächeln

*Die Nacht des Schicksals ist die 27. Nacht des muslimischen Fastenmonats Ramadan; Mohammad erhielt in dieser Nacht die erste Offenbarung. Man sagt, dass in dieser Nacht die Tore des Paradieses geöffnet sind.

Nachwort

»Perhaps his greatest bequest was the key
by which we opened our own imaginations.«
*(George H. W. Bush zur Eröffnung
des Khalil Gibran Memorial Garden
am 24. Mai 1991 in Washington D.C.)*

Khalil Gibran ist ein Autor mit Kultstatus und sein berühmtestes Werk mit dem dazu passenden programmatischen Titel »Der Prophet« ist ein Kultbuch. In seinem 125. Geburtsjahr soll die vorliegende Sammlung seiner schönsten Geschichten, Gedichten und Gedanken einen Einblick in das Werk des Autors geben, das zahllose Menschen in aller Welt seit vielen Jahrzehnten gelesen haben, immer wieder gerne lesen und auch in Zukunft mit Gewinn lesen werden.

Khalil Gibran ist ein Wanderer zwischen den zwei Welten Orient und Okzident, der das verbreitetste Buch eines arabischen Autors in der westlichen Welt publiziert und seine Leserschaft reich beschenkt hat: Mit Texten von außerordentlicher Tiefe und Poesie, mit Anregungen und Ideen für eine bessere Welt im Kleinen wie im Großen. »Der Prophet« ist das Herzstück des Werks von Khalil Gibran, ein »millionseller«, der in gut 40 Sprachen übersetzt und in rund 10 Millionen Exemplaren verkauft wurde. Mit den An- und Einsichten einer gedanklichen Reise zurück in die Welt seiner Heimat, dem Libanon (dort 1883 geboren), vermag der Autor die vom Stress des Alltags zugedeckte Spiritualität seiner Leserschaft – und hier zuerst die in seiner neuen Wahlheimat, den Vereinigten Staaten von Amerika (dorthin 1894 emigriert) – anzusprechen, sie aufzuwecken, zu entführen in eine andere und eine der ihren doch so nahen Welt.

Gibran wird im christlichen Glauben erzogen – im Sinne des maronitischen Glaubens, eine Erziehung, die tiefe Wurzeln im Denken und Fühlen Gibrans fassen kann. In den Bergen, in Becharré, dem Dorf seiner Kindertage – sein Großvater mütterlicherseits war ein maronitischer Priester – erlebt es Gibran nicht anders, als dass die Gemeinde morgens und abends an der Heiligen Messe teilnimmt.[1] Diese Welt seiner Kindheit und Jugend ist es, die er in seinen literarischen Werken wieder auferstehen lässt: die Welt des Libanon, die Berge, Täler und Wälder dort, Flora und Fauna, die Musik, die Gerüche, die Farben und das Licht.

Die Grundsätze seiner Erziehung macht Khalil Gibran sich zu Eigen und gründet sein Werk auf die Prinzipien, die seinem Leben und dem seiner Leserschaft Halt, Sinn und Zukunft geben können: Glaube, Liebe, Hoffnung – der Glauben an Gott und Jesus den Menschensohn, die Liebe zu und zwischen den Menschen und die Hoffnung auf ein Leben in Frieden und Freiheit.

In den Kapitelüberschriften von »Der Prophet« – so in *Von der Liebe, Von den Kindern, Vom Geben, Von der Freiheit, Von der Freundschaft, Vom Guten und Bösen, Vom Beten, Von der Religion, Vom Tod* – klingen die wesentlichen thematischen Aspekte seines Werkes an: fremd ver-

---

[1] Die Maroniten sind katholische Christen, die ihren Namen herleiten von dem Abt Maron (gestorben Anfang des 5. Jahrhunderts). Seine Anhänger lebten asketisch und suchten im Kloster die Kraft und Ruhe, um ihren Dienst an der Gemeinde leisten zu können. Die geistliche und weltliche Rechtsprechung ging mit der Zeit auf einen Patriarchen über, der allein dem Papst gegenüber sich zu verantworten hatte. Heute leben über eine Million Maroniten im Libanon, in Nordamerika zählen die Maroniten 3 Millionen und in Brasilien über 4 Millionen Getaufte.

schuldete Armut und unverdienter Reichtum, Gleichstellung der Frau und Befreiung aus Unfreiheit, ein Leben mit Visionen und in Liebe, die Frage nach Glück und Sinn und die Auseinandersetzung mit dem Tod.

Wortwahl und sprachliche Gestalt seiner Texte erinnern an die Sprache des Alten Testaments, an die der Psalmen und Propheten und des Hoheliedes Salomos. Dabei gelingt es ihm, dem Schriftsteller und Maler, seinen Gedanken einen gleichermaßen in der englischen wie in der arabischen Sprache überzeugenden Ausdruck zu verleihen.

Die Annäherungen des Autors an die von ihm erkannten Existenzfragen des Lebens bieten keine wohlfeilen Antworten. Mit der ihm eigenen Ausdrucksweise voller sprechender Bilder und unerwarteter sprachlichen Wendungen führt er seine Handlungen und Gedanken in einem ruhigen Fluss auf ihr Ziel zu – ganz so, wie er die Aufgabe eines weisen Lehrers sieht: »Wenn er wirklich weise ist, fordert er euch nicht auf, ins Haus seiner Weisheit einzutreten, sondern führt euch an die Schwelle eures eigenen Geistes.«

Sein Glauben fußt auf einem aufgeklärten Gottesbild, und sein Gott ist ein gütiger, liebender Gott: »Die meisten religiösen Menschen sprechen von Gott, als sei Er männlichen Geschlechtes. Für mich ist Er sowohl Mutter als auch Vater. Er ist beides, Vater und Mutter in einem. Die Frau ist die Mutter-Gottheit. Die Vater-Gottheit kann man mit dem Verstand oder mit der Vorstellungsgabe erreichen. Aber die Mutter-Gottheit kann nur mit dem Herzen erreicht werden – durch Liebe.«

Das biblische Liebesgebot führt ihn dazu, diesen Gott als ein Wesen zu denken, das sich nicht in einer Religion und einem Gotteshaus gefangen halten lässt: »Ich liebe dich, mein Bruder, wer immer du auch seiest – ob du in einer Kirche betest, in einem Tempel kniest oder in einer Moschee Gott verehrst. Du und ich, wir sind beide Kinder eines Glaubens. Die mannigfaltigen Pfade der Religion entsprechen den Fingern der einen liebenden Hand des einen höchsten Wesens. Diese Hand streckt sich nach allen aus, bietet allen die Vollendung des Geistes an und ist begierig, alle zu umschließen.«

Kleriker, die nicht in der Nachfolge Jesu leben, die sich von den Hungernden abwenden und den Hass auf Andersgläubige predigen, sind das Ziel seiner Kritik – einer Kritik, die ihm beinahe den Ausschluss aus seiner maronitischen Kirche eingebracht hätte.

Dieser antiklerikalen Kritik und der Hoffnung auf eine am Evangelium orientierte kirchliche Praxis korrespondieren sein politisches Engagement für eine stabile Lösung in seiner seit Jahrhunderten von nationalen und internationalen Konflikten zerrissenen libanesischen Heimat. An manchen Orten der orientalischen Welt werden seine Bücher von politischen Gegnern aufgrund ihrer Aussagen zu Kirche, Ehe und Staat verbrannt.

Nicht resigniert, aber ein wenig desillusioniert schreibt Gibran im März 1908 an einen Cousin in Südamerika: »In Syrien bezeichnet mich das Volk als gottlos. In Ägypten kritisieren mich die Gelehrten und sagen: ›Er ist der Feind gerechter Gesetze, der Familienbande und der alten Traditionen.‹ Und sie haben recht, denn wenn ich es mir recht überlege, komme ich zu dem Ergebnis, dass meine Seele die von Menschen für Menschen gemachten Gesetze hasst und dass ich die Traditionen verabscheue, die vergangene Generationen den kommenden Generationen vererben. Dieser Hass ist die Frucht meiner Liebe für das spirituelle Empfinden und das Heilige im Menschen, das die

Grundlage jedes irdischen Gesetzes sein müsste, weil es der Abglanz Gottes im Menschen ist. Und ich weiß, dass die Prinzipien, auf die sich meine Schriften gründen, nichts anderes sind als das Echo der meisten Geister dieser Welt. Denn das Streben nach geistlicher Unabhängigkeit bedeutet für unser Leben, was das Herz für den Körper bedeutet.«

Mit dem vom Völkerbund Frankreich übertragenen Mandat über den Libanon im Jahr 1920 und der darauf folgenden Proklamation eines unabhängigen Staates Libanon in seinen heutigen Grenzen gehören diese Auseinandersetzungen der Vergangenheit an. Und als »Der Prophet« nach seinem Erscheinen 1923 Leserinnen und Leser in großen Scharen gewinnen kann, wird Khalil Gibran ein Autor von Weltgeltung. Der Wanderer zwischen östlicher und westlicher Welt (nachzuvollziehen in der diesem Nachwort folgenden überblicksartigen Biographie Khalil Gibrans) hat den richtigen Ton und den Nerv seiner Leserschaft nicht allein zur Zeit seines Erscheinens, in der Phase politischer und ökonomischer Umwälzungen der zwanziger Jahre, getroffen, sondern auch in den sechziger und achtziger Jahren des 20. Jahrhunderts: In den Zeiten der Studentenrebellion ist »Der Prophet« ebenso ein viel gelesenes Buch wie es dies in den Zeiten der alternativen Protestbewegung ist – und wie es dies heute noch ist für Menschen, die nach dem Sinn eines Lebens fragen und Einhalt suchen in Zeiten, in denen Verwertbarkeit der Ressourcen und Gewinnmaximierung des Kapitals für ein ethisches Handeln und eine selbst bestimmte Individualität keinen Raum mehr zu gewähren scheinen. Wenn auch nicht explizit in einer Philosophie der Freiheit und der Natur resümiert, so werden die Leitgedanken einer solchen doch erkennbar: Gibran verachtet Heuchelei, wendet sich gegen

Formierung und Zurichtung, verlangt Freiraum für den Partner in einer gleichberechtigten Partnerschaft und tritt für eine Erziehung zur Selbständigkeit ein: »Mit einer Weisheit, die keine Tränen kennt, mit einer Philosophie, die nicht zu lachen versteht, und einer Größe, die sich nicht vor Kindern verneigt, will ich nichts zu tun haben.« Eine Sentenz, die in den Jahren von Auf- und Umbrüchen immer wieder sehr gern zitiert wird, die Mut macht und Hoffnung gibt.

Neben diesem Prinzip Hoffnung und dem Glauben, die dem Autor Kraft und Inspiration sind, ist es die Liebe, die ihn am Leben erhält. Er hat zwar selbst Zeit seines Lebens nicht die ganz große Liebe finden können: »Denn unsere Herzen erzeugen nicht die Liebe, sondern die Liebe zeugt unsere Herzen.« Er bleibt unverheiratet und mehr als allem anderen dem Streben verpflichtet, etwas Bleibendes zu schaffen. Hier wäre vielleicht auch kein Platz gewesen für die ganz große Liebe zu einer Frau, der er das ihr Zukommende, alles zwischen Aufmerksamkeit und Zuneigung, nicht hätte gewähren können.

Aber doch hat die Liebe zu einigen Frauen Khalil Gibran durch die Arbeitswut getragen und ihm zu sehr anrührenden und manchmal überwältigenden Liebesgeschichten verholfen. »Was ist es, was wir Liebe nennen?«, fragt er und erzählt von dem, »was dieses verborgene Geheimnis ist, das sich sowohl hinter den sichtbaren Dingen als auch im Innern des Seins verbirgt«. Der Autor weiß um die Möglichkeiten, aber auch um die Grenzen der Liebe: »Liebe besitzt nicht, noch lässt sie sich besitzen; denn die Liebe genügt der Liebe.«

In seinen Geschichten bleibt Gibran bei der Liebe, wenn er bei ihr ist. Für Abschweifungen zum Unwesentlichen bleibt kein Interesse, nicht mit diesem und nicht mit jenem

will er die Leserinnen und Leser von dem Eigentlichen wegführen. Wichtig sind ihm die beiden Hauptpersonen, die beiden Liebenden – sie haben ihre Geschichten, die ihr Autor in aller Anschaulichkeit erzählt. Die Nebenpersonen agieren ohne ihre Geschichten im Sinne eines zielgerichteten Fortganges der Handlung – und bleiben doch keine Schemen. Mit dieser Reduktion auf den zentralen Aspekt, gelingt es dem Erzähler, seine Erzählungen ausschließlich über den Kern ihrer Fabeln zu entfalten und sich nicht im Fabulieren zu verlieren. Dabei hilft ihm der Einsatz seiner sprachlichen Mittel, der von dem Versuch lebt, für die Bildmächtigkeit seiner Phantasie die passenden und eigenen Worte zu finden. Seine Prosa ist vielleicht am ehesten mit dem Begriff »mystischer Realismus« zu fassen, der sich nährt von der Überzeugungskraft seines Einfühlungsvermögens, von Symbolen und Bildern, mit deren Hilfe Gibran der vorfindlichen Realität eine literarische Realität zu konstrastieren sucht in der Absicht, letzterer möge die Überzeugungskraft innewohnen, um erstere zum Guten wenden zu können.
Gibrans erzählerischer Ton ist ein versöhnlicher, ein tröstlicher Ton, der von der Hoffnung auf einen neuen Anfang und eine lebendige Zukunft getragen ist: »Ich bin in diese Welt gekommen, um für alle und in allen zu sein. Was ich heute in meiner Einsamkeit tue, wird das Morgen allen offenbaren. Was ich jetzt mit einer Zunge sage, werden in Zukunft tausend Zungen verkünden.«
Seine Texte führen in den stillen Stunden des Lesens zurück zu sich selbst, zu den eigenen verschütteten Träumen und Wünschen, Hoffnungen und Zielen, zu einer Umkehr, zumindest zu Stunden des Inne-Haltens, des Auf- und Umschauens, des Nach-Sinnens und des Atem-Findens. Dies gelingt, weil die Texte so zeitlos, so aktuell

sind, als hätte Khalil Gibran sie eben erst und für die Ewigkeit geschrieben. Der Glaube, die Liebe und die Hoffnung haben ihn durch das Leben getragen und zu der Erkenntnis geführt: »Wer die Tage seines Lebens nicht auf der Bühne der Träume verbringt, wird ein Sklave der Zeit sein.« Khalil Gibran hat seinen Träumen den nötigen Raum gegeben und ein Werk für alle Zeiten geschrieben.
Paulo Coelho, sicherlich ein Verwandter im Geiste, schreibt: » Früher dachte ich, Gibran ist ein Revolutionär, ein Weiser. Später habe ich entdeckt, dass Gibran vor allem ein Mensch ist, der Freud und Leid empfindet wie du und ich.«

Zum Schluss drei Literaturhinweise:
Wer über Khalil Gibran mehr lesen und wissen möchte, der sollte zu der umfassenden und kenntnisreichen Biographie von Jean-Pierre Dahdah greifen (Walter Verlag 1997).
Wer sich einen Überblick über die Bibliographie Khalil Gibrans verschaffen möchte, der sollte den Artikel von Veronika Theis im Kritischen Lexikon zur fremdsprachigen Gegenwartsliteratur einsehen (Verlag edition text + kritik 1983).
Wer sich über Gibrans Werk im Kontext der arabischen Literatur informieren möchte, der lese C. Brockelmanns Geschichte der Arabischen Literatur (3. Supplementband. Leiden 1942).

Volker Fabricius

Kleine Biographie Khalil Gibrans

1883 Am 6. Januar wird Gibran Khalil Gibran (so der vollständige Name) im Libanon in dem Ort Becharré im Kadischa-Tal geboren; seine Mutter Kamileh ist jetzt in dritter Ehe verheiratet.

Beide Eltern gehören der christlichen Kirche der Maroniten an, die insbesondere im Libanon viele Angehörige zählt.

1885 werden Gibrans Schwester Miriana und
1887 seine Schwester Sultanah geboren.

1891 Der Vater muss 3 Jahre aufgrund einer Anklage wegen der Veruntreuung von Steuergeldern im Gefängnis verbringen (bis 1894). Als er endlich freigesprochen wird, ist ein Großteil seines Besitzes für Bestechungsgelder und Gerichtskosten ausgegeben worden und seine Ehe an den vielen Streitereien und an den langen Jahren der Trennung zerbrochen.

1894 Die Mutter emigriert mit ihren Kindern in die Vereinigten Staaten von Amerika und lässt sich dort im chinesischen und syrischen Viertel von Boston nieder. Sie will den vielen, für sie sehr unangenehmen Folgen der Inhaftierung ihres Mannes entfliehen.

Die Familie wird in Boston von den Hausarbeiten, die die Mutter für andere Leute erledigt, und von Khalils älterem Stiefbruder ernährt, der einen kleinen Gemischtwarenladen betreibt.

1897 kehrt Gibran in den Libanon zurück, um seine Muttersprache und die arabische Literatur zu studieren.

1899 In Becharré verliebt sich Gibran unglücklich; die Gefühle und Erfahrungen dieses Erlebnisses wird er später in dem Roman *Gebrochene Flügel* (1912) zum Ausdruck bringen.

1902 Im April ist Gibran wieder in Boston. Er glaubt, im Libanon das für ihn Wichtigste gelernt zu haben; aber auch die Sehnsucht nach seiner Familie ist für die Rückkehr ausschlaggebend. Mit dem Vater, der den Berufswunsch des Sohnes, Künstler zu werden, nicht akzeptieren kann, hat Gibran sich überworfen. Wenige Tage vor seiner Ankunft stirbt seine Schwester Sultanah.

1903 sterben erst der Halbbruder, dann die Mutter.

Gibran selber öffnen seine Persönlichkeit und seine Zeichnungen die Türen zu den Häusern und Herzen vieler wohl situierter Kunstmäzene in Boston. Sie organisieren Ausstellungen seiner Bilder und unterstützen seine künstlerische Weiterentwicklung. Trotzdem muss Gibran den Laden seines Bruders ein Jahr weiterführen, um ihn dann schuldenfrei verkaufen zu können.

1904 Mary Haskell, 30 Jahre alt, Gründerin und Leiterin einer angesehenen Mädchenschule in Boston, lernt Gibran während einer Ausstellung seiner Bilder kennen und wird bis zu dessen Tod seine Gönnerin, Förderin und

Freundin bleiben. Sie setzt sich aktiv für die Rechte der Frauen ein und ist eine Sympathisantin sozialistischer Ideen. Gibran beginnt, für arabische Emigrantenzeitungen zu schreiben.

1905 erscheint sein erstes Buch *Die Musik*.

1906 Ebenfalls in arabischer Sprache und ebenfalls im New Yorker Verlag al-Muhajir erscheint *Die Nymphen des Tales* – eine bissige Kritik insbesondere an der Kirche.

1908 Nachdem das dritte Buch *Rebellische Geister* kritisch in der arabischen Öffentlichkeit (über 200 Artikel) diskutiert worden ist – mit dem Vorwurf, der Autor sei ein Feind der Familie und der Tradition –, fragt sich Gibran, »ob meine Lehren eines Tages in der arabischen Welt verstanden werden, oder werden sie wie ein Schatten verschwinden?« Im Juli kommt Gibran in Paris an; hier möchte er das Malen und Zeichnen studieren.

1909 Während Gibran nach eigenem Bekunden dem klassischen Stil anhängt, kritisiert er die moderne Kunst angesichts eines kubistischen Frauenbildnisses mit den Worten: »Haben diese irrsinnigen Künstler ihre Mütter, ihre Schwestern und ihre Geliebten vergessen? Oder haben sie jeden Sinn für Gefühl und Maß verloren, dass sie sich erlauben, den Körper der Frau so zu verzerren, diesen heiligen, göttlichen Körper?« Ihn spricht die symbolistische Malerei mehr an, mit ihren Ideen beschäftigt er sich näher.

Im Frühsommer stirbt sein Vater, mit dem er sich in der Trauer versöhnt.

1910 Die Ideen der syrisch-libanesischen Verfechter einer Unabhängigkeit von der osmanischen Herrschaft greift Gibran begierig auf. In Beirut werden seine Bücher von den osmanischen Behörden öffentlich verbrannt.

Im November trifft Gibran wieder in Boston ein, wo ihm Mary Haskell anbietet, ihn mit 75 Dollar im Monat zu unterstützen, so dass er mit seiner Schwester Mariana das syrische Viertel verlassen und in einer ruhigeren Wohngegend Quartier beziehen kann.

1911 Mary Haskell lehnt einen Heiratsantrag Gibrans ab. Beide werden sich trotzdem zeitlebens sehr verbunden bleiben.

In der Hoffnung, sich dort künstlerisch besser und weiter entfalten zu können, siedelt Gibran im April nach New York um; ein Appartement findet er in dem Künstlerviertel Greenwich Village.

1912 werden die *Gebrochenen Flügel* in arabischer Sprache veröffentlicht – ein Werk, in dem der Autor die fehlenden Rechte der Frau im Orient beklagt und die Form der Eheschließung als einen beklagenswerten Handel verurteilt.

1914 gibt Gibran den Band *Eine Träne und ein Lächeln* heraus, für den er ca. 50 Artikel auswählt, die er während seiner Pariser Zeit unter der gleichlautenden Rubrik in der Zeitung al-Muhajir veröffentlicht hatte.

Während seiner ersten Ausstellung, die er in der Montress Gallery veranstaltet, kann er fünf Bilder für über 6.000 Dollar verkaufen.

1916 engagiert sich Gibran für eine Lebensmittelhilfe, die seinen vom Hunger gequälten Landsleuten im Libanon zugute kommen soll, die bei den türkischen Behörden keine Unterstützung finden können.

Und Gibran veröffentlicht zum ersten Mal in Englisch und in einer amerikanischen literarischen Revue, *The seven Arts*, einige Beiträge, namentlich die Parabel *Die größere See*.

1918 Mit drei Originalzeichnungen publiziert Gibran sein erstes englischsprachiges Buch *Der Narr* im New Yorker Alfred Knopf Verlag. Das hier zu lesende und oft zitierte Gleichnis *Die Schlafwandler* wird mit der Lehre C.G. Jungs in Verbindung gebracht.

1919 kommt in arabischer Sprache *Der Reigen* heraus – ein Loblied auf die Natur, das Gibran selbst illustriert. Die Ende dieses Jahres erscheinende Bildersammlung *Twenty Drawings* stellt neunzehn Aquarelle und ein Ölbild Gibrans vor, die eine Kritikerin zwischen »Symbolismus und Idealismus« ansiedelt.

1920 Auf englisch erscheint *Der Vorbote*, mit fünf Originalzeichnungen des Autors. Und auf arabisch erscheint die Textsammlung *Die Stürme*, in der Gibran auch seine literarische Auseinandersetzung mit dem Thema

»Unabhängiger Libanon« seiner Leserschaft vorstellt. Gibran favorisiert einen unabhängigen, laizistischen syrischen Staat mit einer selbständigen libanesischen Provinz. In diesem Staat sollen Religionen und Konfessionen friedlich miteinander leben können.

Doch am 1. September wird im Namen Frankreichs die Unabhängigkeit des Libanon mit dem Ziel proklamiert, die Christen dieser Region in einem Staat zu vereinigen.

1921 Ein ärztliches Gutachten attestiert Gibran: »Nervenzusammenbruch verursacht durch Überarbeitung und Nahrungsmangel; nervöse Störungen. Ein unvermeidliches Resultat ist das Herzflattern.« Gibran fragt daraufhin eine Freundin, wie er sich »von den goldenen Ketten, die der Ehrgeiz um meinen Hals legte«, befreien solle.

1923 Nach Erscheinen seines bekanntesten und erfolgreichsten Buches *Der Prophet* werden ihm zu Ehren viele große Empfänge organisiert, so auch von den Roosevelts. Von der Originalversion mit den Zeichnungen des Autors wird im Jahr 1973 das viermillionste Exemplar verkauft.

1926 *Sand und Schaum* kommt im Alfred Knopf Verlag heraus.

1928 Gibrans fünftes Buch in englischer Sprache *Jesus Menschensohn* wird von ihm mit dem bezeichnenden Untertitel *Seine Worte und Taten, berichtet von Menschen, die Ihn kannten* versehen: Gibran lässt gut siebzig

Zeitgenossen Jesu ihre Erfahrungen mit dem Menschensohn berichten, lässt sie von ihrer Liebe zu ihm, von ihrer Neugier und ihrem Hass erzählen.

1929 Trotz einer bedrohlichen Leberanschwellung unterzieht sich Gibran nicht der angeratenen Operation.

1930 Wohl im Wissen um seinen gesundheitlichen Zustand legt Gibran in seinem Testament fest, dass seine Schwester den geldlichen Besitz erhalten solle, während er seinem Geburtsort Becharré die Einnahmen aus den Autorenrechten und Mary Haskell alle Zeichnungen, Bilder und Bücher zuspricht.

1931 Am 10 April erliegt Khalil Gibran im Alter von 47 Jahren der nicht mehr aufzuhaltenden Zirrhose an seiner Leber. Sein Leichnam wird in den Libanon überführt und dort in der Nähe seiner Heimat – im ehemaligen Kloster Mar Sarkis, das gegenüber dem Heiligen Tal »Kadischa« liegt – beigesetzt.

Noch vor seinem Tod kann er die nun postum erscheinenden Bücher *Die Götter der Erde* und *Der Wanderer* fertig stellen.

1991 weiht der amerikanische Präsident George H. W. Bush in Washington D. C. den »Khalil Gibran Memorial Garden« ein.

Diese kleine Lebensbeschreibung orientiert sich im Wesentlichen an der umfassenden und verlässlichen Biographie von Jean-Pierre Dahdah (Khalil Gibran. Walter Verlag. Zürich und Düsseldorf 1997).